CB065160

O Segredo do Sucesso

EDITORA
Atos

Gary Haynes

O Segredo do
Sucesso

Copyright © 2002 de Gary Mark Haynes

Capa
Julio Carvalho

Revisão
Walkyria Freitas

Terceira edição – Dezembro de 2002
Reimpressão – Abril de 2003
2ª reimpressão – Setembro de 2004

Nenhuma parte deste livro pode ser reproduzida,
arquivada ou transmitida por qualquer meio
– eletrônico, mecânico, fotocópias etc. –
sem a devida permissão dos editores,
podendo ser usada apenas para citações breves.

**Publicado com a devida autorização e com todos os
direitos reservados pela EDITORA ATOS LTDA.**

Caixa Postal 402
30161-970 Belo Horizonte MG
Telefone: (11) 2122-0008
www.editoraatos.com.br

Sumário

Prefácio 7
1. O que é sucesso? 9
2. O que Deus acha do sucesso? 23
3. O fracasso também faz parte 35
4. A língua da fé 51
5. Humildade e ousadia 67
6. Não se compare aos outros 77
7. A bênção de compartilhar 83
8. O amor impossível 95
9. Oração específica 101
10. Continue batendo,
buscando e pedindo 113

Prefácio

Caro leitor,

Descobri um segredo que transformou a minha vida radicalmente, e gostaria de compartilhá-lo com você. Aplicando esse segredo, você poderá alcançar o sucesso em todas as áreas que desejar.

Aprendi que o favor de Deus é a base para uma vida de tremendo êxito, e que existem princípios específicos para se agradar o Senhor que sempre produzem resultados fantásticos e milagrosos.

Quero ensinar-lhe esses preceitos que provocarão uma mudança drástica – para melhor – na sua vida. São princípios simples, porém poderosos e de efeitos profundos.

Ao ler esse pequeno livro, e aplicar os segredos contidos aqui, você jamais será o mesmo. Está pronto para começar uma nova fase revolucionária?

Então, continue lendo.

Pr. Gary Haynes

Capítulo 1

O que é sucesso?

"Então, lhes respondi: o Deus dos céus é quem nos dará bom êxito..." (Neemias 2.20).

Um empresário rico e bem-sucedido! Com apenas treze anos era exatamente isso o que eu queria ser. Apesar de estar em plena adolescência, pensava que sabia muito bem decidir meu futuro. Conhecia Jesus como meu Salvador e queria servi-lo de todo o coração, mas do meu próprio jeito. Pensava que poderia sustentar a obra do Senhor através de dinheiro que ganharia como empresário e que isso iria agradar a Deus.

Nessa época, morava com minha família no Amazonas, onde trabalhávamos como missionários. Certo dia, sentado numa rede em meu quarto, tive uma experiência surpreendente: numa visão, me vi pregando o evangelho, com mais ou menos trinta anos. A visão era tão real que parecia estar olhando para uma fotografia! Senti, naquele momento, que Deus estava me chamando para ser um pregador do evangelho.

Meu pai e meu avô eram pastores, dignos de toda a minha admiração e amor por seu trabalho. Mas eu não queria ser pastor também. Sabia dos sacrifícios envolvidos nesse ministério, e não gostaria de ter que enfrentá-los. Para mim o importante era alcançar o sucesso e isso significava ser próspero e famoso. Por isso, resolvi não contar para ninguém sobre minha visão. Sabia que minha família encararia como algo definitivo, que eu mesmo ainda não queria admitir. No fundo, sabia que Deus havia me dado aquela visão, mas tentei ignorá-la nas semanas que se seguiam.

Meses depois participei de um acampamento para jovens em plena selva amazônica. Numa das noites, após um culto abençoado, várias pessoas permaneceram em oração.

De repente, ouvi uma voz desconhecida falando em inglês sem o menor sotaque. Fiquei muito curioso, pois achava que só as pessoas da minha família falavam inglês ali. Aproximei-me do rapaz que estava falando para ouvir melhor suas palavras. Ele estava com os olhos fechados e as mãos levantadas.

Quando cheguei perto dele, chamou-me pelo nome sem me ver e disse em inglês: "Gary, você está correndo de mim e do meu chamado, mas Eu estou lhe chamando para pregar. Se me obedecer, farei milagres e maravilhas, e usarei você para tocar muitas pessoa com o meu evangelho. Quero ser seu amigo e ungir a sua vida". Durante mais de uma hora o rapaz continuou a profetizar sobre o que Deus queria fazer na minha vida e também me repreendendo pela minha desobediência.

Quando ele terminou de falar, saiu andando como se não tivesse me visto. Chamei-o e tentei conversar com ele em inglês, mas não obtive resposta. Perguntei em português:

"Onde você aprendeu a falar inglês?" Ele me olhou perplexo e respondeu: "Mas eu não falo nada em inglês". Então, eu disse: "Quer dizer que você não sabe que acabou de profetizar para mim em inglês? Ele respondeu: "Não, apenas falava em línguas estranhas. Mas me conte, o que eu disse para você?" Traduzi para ele um pouco do que Deus havia me falado por seu intermédio.

Arrependi-me da minha rebelião contra Deus e disse que o serviria de todo o coração. Descobri, nesse dia, que o Senhor não está interessado em nosso dinheiro ou no que podemos fazer. Ele quer nossos corações entregues em seu altar, dispostos a obedecê-lo. Através dessa experiência, Deus me mostrou que o verdadeiro sucesso não tem nada a ver com que o mundo pensa a respeito do assunto.

Buscando mais informações, procurei no dicionário e encontrei a seguinte definição de sucesso: "Ganhar dinheiro ou fama". Na verdade, hoje encontram-se muitos bestsellers nas livrarias tentando mostrar como encontrar o sucesso. Alguns livros apresentam fórmulas e estratégias para ficar rico rapidamente e para conquistar toda fama e posição que se possa desejar.

O pensamento secular afirma coisas como estas: "Sucesso é conseguir o que você quer; ele pode ser criado em sua vida através da energia que há dentro de você mesmo. Existem poderes gigantescos dentro de cada pessoa, e através deles tudo é possível ao ser humano".

Alguns anos atrás, vi na capa de uma revista popular uma manchete dizendo: "O sucesso é a religião da atualidade". Penso que a revista estava certa porque, na realidade, hoje temos visto o fortalecimento do culto de adoração ao dinheiro, à fama e ao poder. Creio que Deus tem um plano para que o ser humano desfrute da verdadeira felicidade e sucesso. Mas o caminho do sucesso do Senhor é bem diferente da fórmula humanista. E a Palavra de Deus nos ensina também uma definição muito diferente.

A Bíblia não é um livro de teorias vazias, sem valor para a vida, mas um livro vivo e dinâmico, que ensina um sistema de pensamento e conduta que leva ao verdadeiro sucesso. A prosperidade, a felicidade e o sucesso que Deus dá são duradouros; bem diferente do sucesso momentâneo, egoísta e superficial que o mundo oferece.

A história de Richard Kiel, um homem com 2 metros e 15 centímetros de altura e mais de 150 quilos, é um bom exemplo de que o sucesso mundano não satisfaz. Ele era visto como ator de sucesso, depois de atuar nos filmes de James Bond – *007 Moonraker* e *O Espião que me Amava* – como Tubarão, o homem com dentes de aço. Também co-estrelou em filmes de grande sucesso ao lado de atores como Harrison Ford, Clint Eastwood e Burt Reynolds, dentre outros.

Mesmo possuindo muito dinheiro e muita fama, Richard era um homem infeliz. Ele bebia demais e, muitas vezes, acordava no chão de sua casa, de ressaca, sem saber direito como tinha ido parar ali. O dinheiro foi acabando e ele começou a se endividar. Richard se considerava religioso, mas sentia-se vazio e não havia tido ainda uma experiência pessoal com Deus.

O QUE É SUCESSO?

Certo dia, quando estava em casa, bêbado, ligou a televisão e viu um programa evangélico chamado *Clube 700*. Enquanto o apresentador, Pat Robertson, falava a respeito de um Deus vivo, Richard sentiu-se tocado e orou junto com ele, aceitando Jesus como seu salvador. Naquele instante sua vida foi transformada e ele perdeu completamente a vontade de beber.

Conheci Richard Kiel pessoalmente através de um grande amigo meu, Cody Gunderson, pastor da igreja onde Richard e sua família congregam. Atualmente, ele viaja para várias partes do mundo contando seu testemunho e ganhando almas para Jesus. Também tem sua própria produtora de filmes voltados para família, que apresentam valores morais corretos.

O que mais choca nessa história é que muitas pessoas acham que Richard era um sucesso por causa dos filmes que estrelava e pelo dinheiro e fama que possuía. Mas, na verdade, ele era um homem vazio e sem esperança.

O problema em buscar o sucesso exterior como alvo principal da vida é que mesmo sendo aparentemente bom, esse objetivo é puramente material e traz satisfação somente para o corpo e a alma. Deus nos fez seres completos, à sua própria imagem e semelhança, dotados de uma capacidade que só ao homem foi dada: o relacionamento com Deus através do espírito. Portanto, só podemos ser verdadeiramente felizes quando descobrimos o segredo do sucesso de acordo com o propósito do Senhor para nós.

O sucesso sem Deus é totalmente vazio e deprimente. É por isso que muitos dos maiores *superstars*, como Elvis Presley e Marylin Monroe, cometeram suicídio no auge de suas carreiras, no momento em que o mundo os considerava as pessoas mais felizes da Terra. Richard Kiel ficava bêbado noite após noite: porque a fama o dinheiro não trazem felicidade e tampouco o sucesso. Se os ricos, famosos e os superstars do sucesso mundano não descobriram a felicidade, então qual é o segredo do sucesso e da prosperidade verdadeira?

A resposta encontra-se justamente no sucesso que vem de Deus. O apóstolo Paulo mostra a sua compreensão desse princípio quando diz: *"... Aprendi o segredo de viver contente em toda e qualquer situação, seja bem alimentado, seja com fome, tendo muito, ou passando necessidade. Tudo posso naquele que me fortalece"* (Filipenses 4.12, 13 – NVI).

No Antigo Testamento está escrito: "As coisas secretas pertencem ao Senhor nosso Deus".

Na verdade, na Velha Aliança muitas coisas do Senhor eram misteriosas para seu povo.

Mas, a partir da Nova Aliança que Deus fez conosco, o que era segredo foi revelado para nós. Jesus disse aos discípulos em particular: *"A vocês foi dado o segredo do reino de Deus..."* (Marcos 4.11). Note que Ele não disse que um dia seria dado o segredo do reino, mas que já foi dado! Nós já temos o segredo do sucesso nas mãos, na Palavra de Deus!

Sobre os segredos de Deus, o apóstolo Paulo em 1 Coríntios 2.7 fala: *"Não, falamos da sabedoria secreta de Deus, sabedoria que foi ocultada, mas que Deus destinou para nossa glória antes que o tempo começou"*. Com isso, Paulo estava querendo dizer que, através do Espírito, Deus revela segredos que nunca descobriríamos pelas habilidades naturais. É por isso que, para ter o verdadeiro sucesso na vida, é essencial aprender com o Espírito Santo a praticar esses segredos no dia-a-dia.

Nenhum livro ou ensinamento secular tem os verdadeiros princípios para a vitória; eles somente são encontrados quando revelados pelo Espírito Santo de Deus. E para os que andam no Espírito, já foram revelados!

Se queremos realmente descobrir esses princípios, precisamos ir à fonte, que é a Palavra de Deus, e entendermos os seus segredos que, segundo Paulo, o Senhor nos revela hoje. Essa revelação para uma vida bem-sucedida, que Deus nos desvendou no Novo Testamento, é o que eu chamo de Segredo do Sucesso.

O livro de Salmos dá tanta importância a esse assunto, que seu início fala a respeito de como ser bem-aventurado, um termo que é sinônimo se sucesso. Dentre outras coisas, o capítulo 1, versículos 1 e 2 diz: *"Bem-aventura-*

do o homem que não anda no conselho dos ímpios" e *"o seu prazer está na lei do Senhor, e na sua lei medita de dia e de noite"*. Logo em seguida, no versículo 3, há uma promessa poderosa, referindo-se ao homem reto: *"...tudo quanto ele faz será bem sucedido".*

Através dessa passagem e de muitas outras semelhantes nas Escrituras, comecei a ver que o segredo do sucesso não tem nada a ver com o que o mundo pensa. O que importa, em primeiro lugar, é encontrar o sucesso de Deus. Se alcançarmos o sucesso espiritual, nossa vida física, emocional e material será também abençoada. E para sermos um sucesso diante de Deus, basta colocarmos em ação alguns princípios divinos em nossas vidas.

Enquanto buscava sabedoria do alto, Deus foi me mostrando algumas verdades que até então não tinha imaginado que existissem. Descobri que o Novo Testamento não apresenta apenas idéias vagas, gerais e ambíguas sobre como viver a vida cristã da maneira que eu pensava que fosse. Muito pelo contrário! Jesus não falou sobre seu reino apenas em termos teóricos. Ele ensinou princípios muito específicos que dariam, na verdade, para chamá-los de leis espirituais. Tão reais como as leis naturais que Deus estabeleceu, que governam o movimento, a gravidade, o som etc.

Da mesma forma que as leis naturais governam nossas vidas, as leis espirituais também o fazem. Assim como a lei da gravidade dita que se eu pular de um trampolim vou cair na piscina abaixo, as leis espirituais também ditam como será a nossa vida.

Jesus nos ensinou uma lei espiritual quando disse, de maneira bem direta e objetiva: *"Não julguem, para que vocês não sejam julgados. Pois da mesma forma que julgarem, vocês serão julgados; e à medida que usarem, também será usada para medir vocês"* (Mateus 7.1, 2 – NVI).

Quando Ele disse algo assim e não colocou restrições quanto ao lugar, tempo, nacionalidade ou pessoas, então se tratava de leis espirituais ordenadas por Deus. E são leis que funcionam mesmo!

Enquanto fui descobrindo essas verdades nas páginas das Escrituras Sagradas, comecei a praticá-las na minha vida e fiquei surpreso com o resultado: os princípios de Deus funcionam, mesmo nos dias de hoje. Se você descobri-los e praticá-los, verá que funcionarão na sua vida e a transformarão também.

Veremos nos próximos capítulos alguns desses princípios extraordinários que o Senhor me mostrou. A lista aqui não é absoluta, isto é, nem todos os princípios de sucesso com Deus estão neste livro. Mas seguem-se nestas páginas algumas leis básicas que o ajudarão a estabelecer um alicerce nos princípios de Deus para ser bem-sucedido na vida. Sei que elas irão abençoá-lo tanto como estão sendo bênção para mim.

Capítulo 2

O que Deus acha do sucesso?

O profeta Samuel tinha recebido uma ordem de Deus: ir à casa de Jessé e consagrar um de seus filhos para ser o próximo rei de Israel no lugar de Saul, que tinha desviado seu coração do Senhor. Samuel não sabia qual dos filhos de Jessé seria o futuro rei; sabia apenas que o Senhor iria indicar-lhe qual deles deveria ungir com óleo.

Ao chegar na casa de Jessé, Samuel viu Eliab, um dos seus filhos, e pensou consigo mesmo: "Tem que ser ele". Ao que tudo indicava, Eliab tinha todo o jeito de rei. Andava, falava e se portava como um monarca.

O profeta Samuel ficou tão impressionado com a aparência de Eliab, que não havia mais dúvida: esse era o homem que devia ser coroado.

Mas Samuel cometeu um erro extremamente comum hoje em dia. Ele foi levado pelo que viu com os olhos, pela aparência exterior da pessoa, e não pelo que tinha lá dentro. Enganou-se.

Quantas vezes olhamos para alguém próspero, inteligente, de boa família, de boa aparência, e dizemos: "Puxa, se ele se entregasse a Deus pra valer, quantas vidas poderiam ser tocadas pelo evangelho e como ele poderia ser usado pelo Senhor". Ouvimos uma moça que canta bem e pensamos: "Se ela estivesse cantando para o Senhor, seria uma bênção!"

Mas veja o que Deus falou com Samuel: *"Não atentes para a sua aparência, nem para a grandeza da sua estatura, porque eu o rejeitei; porque o Senhor não vê como vê o homem, pois o homem olha para o que está diante dos olhos, porém o Senhor olha para o coração"* (1 Samuel 16.7). Percebeu a grandeza dessa afirmação? Nossa aparência não é o que importa para Deus, mas sim o que está dentro do nosso homem interior, nosso coração.

Deus está pronto para usar qualquer um de nós. Isso nos dá uma grande esperança. Significa que o Senhor está querendo usar até mesmo aquela pessoa que "parece" não saber fazer praticamente nada, que "parece" não ter talento nenhum. Para Deus o que importa é o nosso coração. Ele está à procura de barro para moldar, não vasos já completos e perfeitos.

Que grande variedade! O que eu mais ouço das pessoas quando se fala a respeito de ser um instrumento nas mãos de Deus é: "Não posso ministrar e nem trabalhar para o Senhor por causa disso ou daquilo". E aí, segue-se uma lista de desculpas. Dizem: "Não tenho dinheiro". Eu também não tenho em mãos todo o dinheiro que preciso, mas creio que Deus já prometeu suprir todas as minhas necessidades. Quando a Palavra diz que Ele é o dono do ouro e da prata, isso não é uma expressão vazia. Deus realmente pode nos dar tudo o que precisamos para fazer a sua obra.

Outros falam: "Não sou treinado o suficiente para servir ao Senhor". Conheço pessoas que já estão fazendo doutorado em Teologia e ainda não se sentem prontas nem para começar a servir a Deus. Conheço outros que começaram sem treinamento formal e estão revolucionando suas cidades para Jesus. Não estou dizendo que não precisamos nos preparar para a obra de Deus, mas que devemos começar onde estamos e deixar Deus guiar o nosso caminho. Sempre podemos inventar mil e uma desculpas, mas Ele está à procura de pessoas disponíveis agora!

Quando eu era adolescente, morava na sede da missão que meu pai liderava, onde também havia uma Escola Bíblica. Entre os alunos que ali estudavam, alguns pareciam ter muito mais potencial e habilidades do que outros. Na época, eram feitos comentários sobre os alunos do tipo: "Fulano vai fazer o maior sucesso, você não acha?" E olhavam para um outro aluno, de aparência mais humilde, e diziam: "Coitadinho dele, espero que não fique arrasado quando fracassar lá fora, no ministério".

O QUE DEUS ACHA DO SUCESSO?

Acontece que nem todos os que foram cotados para fazer sucesso foram bem-sucedidos. E vários dos "coitadinhos" estão experimentando um grande avivamento em seus ministérios e sendo abençoados no trabalho para Deus. O Senhor não exige talento dos seus servos, mas atitudes humildes e vidas voltadas para o seu serviço. O talento necessário para servi-lo, Ele concederá. Basta que nos entreguemos totalmente a Ele.

O primeiro segredo para entender e ter sucesso é aprender a olhar do modo como o Senhor olha para nossas vidas. Não existirá nenhum tipo de sucesso diante de Deus. E esse sucesso é basicamente invisível, intangível e nasce do coração.

Não estou querendo dizer que o êxito de Deus para nossas vidas seja somente invisível e do coração, mas que o sucesso deve começar aí. Assim que Samuel ungiu Davi para ser rei, o Espírito de Deus desceu sobre ele e se manifestou visivelmente. Davi realizou grandes proezas: matou um leão e um urso com as próprias mãos e matou o gigante Golias sem ter uma espada sequer. Em pouco tempo ele se tornou muito querido e estimado pela nação de Israel.

O Senhor Jesus se referiu a esse princípio quando disse: *"Portanto, não se preocupem, dizendo: 'Que vamos comer?' ou 'Que vamos beber?' ou 'Que vamos vestir?' Pois os pagãos é que correm atrás dessas coisas; mas o Pai celestial sabe que vocês precisam delas. Busquem, pois, em primeiro lugar o Reino de Deus e a sua justiça, e todas essas coisas lhes serão acrescentadas"* (Mateus 6.31-33 – NVI).

Deus quer tornar sua bênção visível e tangível em nossas vidas, pois sabe muito bem do que precisamos. Mas aí entra uma questão de prioridade: o que mais queremos? O Senhor disse que se buscarmos em primeiro lugar o seu reino e a sua justiça, Ele mesmo irá tomar conta do resto. Mas se você colocar outras coisas na frente de sua vida com Deus, acabará frustrado.

O Senhor chama você para colocar sua carreira, sua necessidade e tudo o mais em segundo plano, e Ele em primeiro lugar. Aos olhos naturais parece loucura, mas fazendo isso você estará invocando uma lei espiritual que trará bênçãos e prosperidade à sua vida.

Nosso maior empecilho ao sucesso é, muitas vezes, a maneira como confundimos nossos valores com os do mundo. Por isso o apóstolo João disse em 1 João 2.15-17: *"Não ameis o mundo nem as coisas que há no mundo. Se alguém amar o mundo, o amor do Pai não está nele; porque tudo o que há no mundo, a concupiscência da carne, a concupiscência dos olhos e a soberba da vida, não procede do Pai, mas procede do mundo. Ora, o mundo passa, bem como a sua concupiscência; aquele, porém, que faz a vontade de Deus permanece eternamente".*

Se quisermos de fato a bênção divina, temos que nos afastar daquilo que o mundo ama. Você gostaria de libertar uma fonte de bênçãos na sua vida? Então, afaste-se do amor por todas as coisas mundanas e deixe nascer no seu coração uma profunda paixão pelas coisas de Deus.

Seria fácil demais começar a querer o que o mundo quer, buscar em primeiro lugar o dinheiro, a fama e o prazer da mesma forma que o mundo faz, e nos iludirmos com a idéia de que fazemos isso para o Senhor, ou que o fim justifica os meios. Seria muito fácil deixar o amor ao dinheiro entrar no coração, até dizendo que queremos usá-lo para a obra de Deus. Mas Ele se importa muito mais com as intenções do nosso coração do que com qualquer outra coisa.

Nossa tendência hoje é levar os valores corrompidos do mundo para dentro da própria igreja e do ministério do Senhor. É muito fácil pensar algo como: "Para ter sucesso é preciso ser tão famoso como aquele pregador de televisão ou ter acesso a tantos recursos financeiros como o pastor daquela grande igreja". Esse tipo de pensamento leva a um nível de ambição puramente carnal. E com a ambição carnal vem uma competitividade tão brutal que deturpa os planos de Deus para que ajamos como seus servos. Em seguida, no desejo de sermos os melhores e maiores, esquecemo-nos completamente dos princípios do Senhor.

Não creio que seja errado pregar o evangelho através da televisão, rádio, pastorear uma grande igreja ou ter um outro ministério de destaque no Corpo de Cristo. Ao contrário, a mídia eletrônica deve ser usada para propagar o evangelho e expressar um crescimento sadio da Igreja.

O problema passa a existir quando se misturam valores seculares chegando a se pensar que o mais importante é a posição, os recursos disponíveis ou a fama. E errado pensarmos que a maior e mais rica igreja é a mais abençoada. O sucesso com Deus simplesmente não se mede pela fama ou pelo dinheiro que a pessoa tem. O plano de Deus é que sua Igreja trabalhe – cada parte fluindo e operando no seu chamado – na união que só o Espírito Santo pode proporcionar.

Foi no intuito de ilustrar esse princípio de trabalho em união, que Paulo repetiu a idéia várias vezes no capítulo 12 de 1 Coríntios: somos um corpo e cada membro é importante. Não importa se você ganhou um, cinco, ou vinte talentos do Senhor, mas como você usa o que Deus lhe entregou para atuar em comunhão com o Corpo.

Acredito que o trabalho realizado em unidade de espírito, pensamentos e objetivos é um grande alvo de ataque do inimigo por ser uma das maiores fontes de poder da Igreja.

Se entendemos que somos um só Corpo, e começamos a trabalhar em união, como um Corpo, podemos arrebentar as portas do inferno. A união da Igreja é a chave da vitória. E para que possamos ser unidos, Deus quer fazer nascer em nós uma compaixão profunda uns pelos outros.

Às vezes, valorizamos somente os líderes famosos, ou corremos atrás de autógrafos dos *superstars* das bandas evangélicas e deixamos as pessoas com "menos honra" de lado, ignoradas. Não há problemas em ser famoso como líder ou cantor evangélico; pessoas assim são aquelas partes do Corpo que Paulo chamou de *"mais apresentáveis"*. O que é errado é a tendência em desprezar um irmão ou irmã mais pobre, simples ou humilde, só porque ele não é tão "apresentável".

Em nosso corpo natural, valorizamos muito os dedos das mãos. É óbvio que eles são úteis demais para nós. Mas quando se trata dos dedos dos pés, geralmente temos um pouco de vergonha. Eu, particularmente, não gosto muito de mostrar os meus, pois acho-os feios.

Mas você sabia que sem os dedos dos pés não conseguiria andar? Eles desempenham um papel primordial: o de equilibrá-lo para que você possa ficar em pé e andar. Da mesma forma que cada dedinho do seu pé é importante, cada um de nós é importante para Deus, pois Ele atenta para o coração e não para o que aparece aos olhos.

E o que Deus está atento para ver no seu coração e na sua vida são os princípios dele e suas leis. Nos próximos capítulos, apresentamos alguns dos princípios básicos que você precisa colocar em ação para ser um sucesso diante de Deus e, em seguida, ter sucesso em todas as áreas da sua vida.

Capítulo 3

O fracasso também faz parte

"Porque sete vezes cairá o justo e se levantará; mas os perversos são derribados pela calamidade" (Provérbios 24.16).

O fracasso é uma das partes mais importantes do sucesso. Existe um paradoxo nisto. Jamais chegarei ao sucesso se eu nunca fizer uma tentativa. E se nestas tentativas fracassar, aí está implícito que *tentei alguma coisa*. É justamente através das minhas tentativas e fracassos que posso aprender como alcançar a vitória.

Quando eu era criança, vi outros meninos andando de bicicleta e desejei andar também.

Len, meu irmão mais velho, começou a me ensinar. Logo na primeira tentativa, caí e bati com o queixo no asfalto. O corte foi tão profundo que tive de ser levado às pressas ao hospital para levar pontos.

Se a partir daí eu tivesse deixado o medo tomar conta de mim, por causa do fracasso da minha queda, nunca teria aprendido a andar de bicicleta, pois não me atreveria a subir numa de novo. Meus amigos poderiam ter me chamado para andar e eu lhes responderia: "Não, obrigado, não sirvo para andar de bicicleta". Mas o que fiz foi analisar o fracasso para descobrir o que tinha feito de errado e, da próxima vez, acertar.

Lembrando-me do fato, descobri que tinha deixado meu corpo desequilibrar-se para um lado e, pior ainda, na hora da queda, ao invés de usar minha mão para amortecer a batida no asfalto, usei o queixo. Com isso, aprendi como equilibrar a bicicleta e logo em seguida andava para cá e para lá, me divertindo muito.

Caí outras vezes. Caí quando tentava aprender a andar sem as mãos; caí também quando tentei fazer outros truques com a bicicleta. Mas levantei-me novamente após cada queda e aprendi a andar sem as mãos, além de fazer várias outras manobras.

Pouco a pouco fui aprendendo uma verdade: se eu quisesse fazer algo bem feito, tinha que estar pronto a fazê-lo mal, a princípio, e ir-me aperfeiçoando a cada tentativa.

Somente assim podia ficar bom naquilo. É assim mesmo que nós aprendemos: *tentando*. O livro de Salmos mostra esse princípio quando diz: *"Os passos de um homem bom são confirmados pelo Senhor, e deleita-se no seu caminho. Ainda que caia, não ficará prostrado, pois o Senhor o sustém com a sua mão"* (Salmo 37.23, 24).

Abraham Lincoln foi um dos presidentes mais populares da história dos Estados Unidos. Até hoje suas palestras são decoradas nas escolas pelas crianças americanas. Mas poucos sabem como ele lidou com o fracasso durante toda sua vida.

Em 1832, ele entrou na guerra dos *Black Hawk's* como capitão, mas terminou como soldado. No mesmo ano, candidatou-se e foi derrotado para o Congresso de Illinois, seu Estado natal. E ainda naquele mesmo ano comprou uma loja com um sócio, que poucos meses depois veio a falir.

Abraham Lincoln foi eleito ao Congresso Nacional em 1847, mas na época de sua reeleição, em 1849, mesmo o desejando, não se candidatou. Por ser tão impopular, já sabia que perderia.

Quando ele tentou reingressar na política, em 1854, como candidato ao Senado americano, foi derrotado outra vez. Em 1858, tentou novamente ser eleito para o Senado e, mais uma vez, foi derrotado.

A maioria das pessoas, quando enfrenta reveses na vida, simplesmente desiste. Parece até que *Abraham Lincoln* sabia o segredo de usar os fracassos para chegar ao sucesso. Ele sabia que os fracassos lhe ensinavam e aperfeiçoavam. Cada tropeço ou fracasso continham lições que o ajudavam a chegar ao sucesso.

Em 1860, ele se candidatou a presidente dos Estados Unidos e foi eleito com facilidade no primeiro turno. Até hoje é lembrado em todo o mundo como um grande defensor da democracia. É reconhecido também como um dos maiores líderes da história do mundo, por causa da sua persistência diante das sucessivas derrotas e por sua habilidade de transformar a derrota em vitória.

Esta também é uma das principais leis espirituais. A salvação não nos leva automaticamente ao sucesso ou à perfeição; é um processo que precisamos conquistar passo a passo. O apóstolo Paulo demonstrou um conhecimento profundo desse princípio, quando disse: *"Não que eu já tenha obtido tudo isso ou tenha sido aperfeiçoado, mas prossigo para alcançá-lo, pois para isso também fui alcançado por Cristo Jesus. Irmãos, não penso que eu mesmo já o tenha alcançado, mas uma coisa faço: esquecendo-me das coisas que ficaram para trás e avançando para as que estão adiante, prossigo para o alvo, a fim de ganhar o prêmio do chamado celestial de Deus em Cristo Jesus"* (Filipenses 3.12-14 – NVI).

Você pode estar se perguntando: "Espera aí; se o fracasso faz parte do sucesso, quando é que o fracasso é fracasso mesmo?" Para entender a resposta a essa pergunta, é preciso definir o que é o fracasso na visão de Deus.

O mundo tem uma visão bem simplista acerca do fracasso na vida de alguém. Esse padrão humano julga as pessoas de acordo com o que elas possuem em termos de bens e *status* na sociedade. Os menos privilegiados financeiramente, ou que não alcançaram posição de destaque, são vistos pela sociedade como pessoas fracassadas.

Algo que tenho visto na igreja hoje tem me assustado muito: é que, sem perceber, acabamos deixando as mesmas idéias e valores do mundo em relação ao fracasso infiltrarem-se em nosso modo de pensar.

Mas o principal mesmo é saber o que Deus acha sobre o assunto. Quando somos um fracasso diante do Senhor? E quais são as nossas atitudes e ações que desagradam a Deus?

Jesus contou a seguinte parábola sobre esse assunto: *"E também será como um homem que, ao sair de viagem, chamou seus servos e confiou-lhes os seus bens. A um deu cinco talentos, a outro dois, e a outro um; a cada um de acordo com a sua capacidade. Em seguida partiu de viagem"* (Mateus 25.14, 15 – NVI).

O que Jesus estava querendo ensinar com essa história? Eu li esse texto durante anos sem realmente entendê-lo. Certo dia, senti-me como se tivesse levado um choque elétrico, quando realmente compreendi o seu significado.

O Senhor nos dá, nessa história, um exemplo claro de um fracasso, de acordo com sua própria definição. Dos três homens na parábola, dois deles foram vistos como bem-sucedidos, e o terceiro foi duramente repreendido.

O servo número um recebeu cinco talentos. A parábola disse que ele *"foi imediatamente negociar com eles"*. Se você já investiu dinheiro antes, dá para imaginar o que aconteceu. Talvez ele tenha comprado verduras e frutas nas fazendas perto da cidade, montado em um cavalo na avenida principal e ganhado seu lucro assim. Ou talvez tenha comprado camelos, contratado ajudantes e viajado de cidade em cidade vendendo vários produtos. O que importa mesmo é que ele se esforçou, arriscou e, no final, conseguiu dobrar o seu capital.

O homem com os dois talentos agiu da mesma maneira. Talvez ele tenha tomado seus dois talentos, comprado lona, contratado costureiras e montado uma fábrica de tendas para vender ao exército romano. Mas ele também teve um lucro de cem por cento em cima do dinheiro que lhe foi confiado.

O terceiro servo agiu de maneira bem diferente. A parábola nos conta que ele pegou seu talento, fez um buraco no chão e o enterrou. Ele tinha medo, falou Jesus; medo de que, se investisse o dinheiro em algum negócio, poderia vir uma recessão ou depressão econômica e ele perderia tudo. Ou, talvez, de que se fosse viajar de cidade em cidade, comprando e vendendo coisas, poderia ser assaltado por ladrões que roubassem tudo; ou, ainda, medo de que alguém viesse a enganá-lo ou tapeá-lo. Quem sabe ele tivesse receio de tomar decisões erradas. Então, preso pelo seu medo, ele preservou o dinheiro do seu senhor, ao escondê-lo num lugar seguro.

Depois de muito tempo, o senhor voltou de viagem e chamou seus servos para prestar contas. "Digam-me", disse o senhor, "como é que se saíram com meu dinheiro?"

O primeiro servo respondeu rapidinho: "Mestre, tomei os cinco talentos que o senhor me confiou; negociei com eles e até me arrisquei. Aqui estão os cinco talentos e mais cinco que ganhei". Deu para ele cobrir todas as despesas do negócio e ainda dobrou seu capital.

O senhor se agradou e disse: *"Muito bem, servo bom e fiel! Você foi fiel no pouco, eu o sobre o muito. Venha e participe da alegria do teu senhor!"*

O próximo servo se aproximou e relatou: "Senhor, tomei os seus dois talentos e comecei a trabalhar. Montei um comércio e tive que assumir alguns riscos, mas ganhei dinheiro. Além dos seus dois talentos iniciais, tenho mais dois". O senhor respondeu para ele da mesma forma que para o primeiro servo.

Chegou a vez do terceiro falar. "Diga-me, o que você fez com meu dinheiro enquanto estive fora?", perguntou o mestre. "Senhor, sei que és um homem duro, que ceifa onde não semeou, e recolhe onde não plantou; tive medo e achei melhor não arriscar nada. Então, eu embrulhei direitinho o seu talento e o escondi. Aqui *está*; não perdi nada."

Atualmente, a maioria das pessoas pode simpatizar com o terceiro homem. Afinal, se a você for entregue o dinheiro dos outros, tem que tomar o maior cuidado para não perdê-lo. Não pode se arriscar. Ainda mais num mundo tão instável economicamente como é o nosso. Mas o que o senhor disse nessa ilustração?

"Servo mau e negligente! Você sabia que eu colho onde não plantei e junto onde não semeei? Então você devia ter confiado o meu dinheiro aos banqueiros, para que, quando eu voltasse, o recebesse de volta com juros. Tirem o talento dele e entreguem-no ao que tem dez... E lancem fora o servo inútil, nas trevas, onde haverá choro e ranger de dentes" (Mateus 25.26-30 – NVI).

O homem foi considerado como homem mau – isto é, pecaminoso, iníquo – porque ele se recusou a usar o que o seu senhor lhe tinha dado; ele não trabalhou com o que tinha.

A diferença entre o terceiro homem e os outros não era que ele tinha recebido somente um talento, um valor bem inferior ao que os outros receberam. A quantidade de talentos que ele tinha não fazia diferença para o seu senhor. Os primeiros, mesmo com um número diferente de talentos, foram elogiados da mesma forma, porque trabalharam com o que receberam.

O problema do homem com um só talento foi ele ter ficado com muito medo para usar o que tinha nas mãos. Ao invés de arriscar a possibilidade de perder o que tinha e ser visto como um fracassado, ele enterrou o talento.

É irônico pensarmos que o que ele fez por causa do seu medo de fracassar foi exatamente o que o tornou um fracassado. A pessoa que Deus olha como um fracasso não é a pessoa que tem menos talentos ou habilidades, mas, sim, aquela que não usa o que tem.

O mais importante para Deus não é que você seja um gênio, ou super-dotado, mas que esteja pronto a ser usado por Ele, pronto a agir com o que Ele lhe tem dado, seja muito ou pouco.

Quando Jesus escolheu seus discípulos, ele não procurou homens muito habilidosos, intelectuais ou líderes religiosos. Ele chamou homens comuns, simples, que, pelo padrão mundano da época, provavelmente seriam vistos como fracassados.

A começar pela maneira como os chamou, Jesus mostrou que queria homens de ação, prontos para arriscar o que tinham. Queria pessoas prontas para arriscar suas vidas por causa do Evangelho.

Jesus não aceitava que alguém inventasse desculpas, se quisesse deixar para segui-lo depois. Como no caso do homem que afirmou desejar segui-lo, mas primeiro queria voltar e enterrar o pai. Jesus lhe disse: *"Siga-me, e deixe os mortos enterrarem seus próprios mortos"*. Prestando atenção a esse princípio, reparei que quando Jesus chamou seus discípulos, todos deixaram imediatamente o que estavam fazendo para segui-lo.

O que mais me encorajou quando entendi isso foi que a quantidade dos meus talentos e de minhas habilidades não me fazem ser grande ou pequeno diante de Deus, mas, sim, a minha prontidão em segui-lo, entregando a minha vida nas mãos dele.

O Diabo gosta de sussurrar mentiras, enfatizando a nossa falta de talento e de dons. Mas Deus tem dado dons a cada um de nós, como está escrito em 1 Coríntios 12.7: *"A manifestação do Espírito é concedida a cada um visando a um fim proveitoso"*. Com Deus jamais seremos fracassados. Enquanto estivermos prontos a usar o que temos, ser quem somos e aceitar o risco de andar onde Deus nos leva, nunca seremos um fracasso.

Lembro-me de um casal muito sábio e abençoado, Robert e Fanny Funderburg, que conheci quando ainda era adolescente. Eles eram missionários americanos que trabalhavam no Brasil há várias décadas e tinham um amor muito especial pelo povo brasileiro e pela obra missionária.

Eram muito humildes, sem pretensões e realmente possuíam o dom do encorajamento. Tinham tanto amor e ânimo pelas coisas de Deus, depois de tantos anos trabalhando para o Senhor, que ninguém que ficasse perto deles por alguns minutos saía sem ser tocado de alguma forma pelo Espírito Santo que operava em suas vidas.

Na mesma época eu estava começando a ministrar o Evangelho e sempre viajava de um lado para outro, atendendo a convites para pregar em igrejas de várias denominações e de diversas cidades. Fazia essas viagens nos fins de semana e nas férias, enquanto cursava o segundo grau. Eu estudava na escola da *Missão Betânia*, em Belo Horizonte, perto da cidade onde meus pais moravam, e onde meu pai, John Haynes, liderava uma outra missão evangélica.

Como estava apenas no início do ministério, muitas vezes enfrentava alguma dificuldade, e ficava tão desanimado e cheio de dúvidas que queria desistir. Foi numa ocasião assim que cheguei à casa dos Funderburgs, durante uma viagem. Lembro-me que já eram 2 ou 3 horas da madrugada quando desci do ônibus e bati na porta da casa deles.

Quando chegaram à porta, depois de uma pequena demora, ao invés de estarem sonolentos e chateados, estavam sorrindo de alegria por poderem me receber. Eu quase me belisquei, para ver se não estava sonhando, e pensei: "Eu sei que eles estavam dormindo, e ninguém acorda de madrugada com essa alegria". Mas eles tinham o dom da hospitalidade e estavam cheios da presença do Senhor, mesmo naquele horário.

O pastor Robert logo pegou minha mala e foi arrumar um quarto para mim. A sra. Fanny, fixando os olhos em mim, disse: "Gary, você está muito magro; vou fazer algo para você comer". Por mais que eu protestasse, ela foi fazer a comida; enquanto cantava um corinho. Não pude recusar, pois estava com muita fome. Não importaram se era tarde quando finalmente foram dormir e, enquanto mostravam meu quarto, ainda tinham um sorriso nos lábios.

Saí daquela visita aos Funderburgs de tal forma encorajado e animado, que senti que poderia dar um chute tão forte no Diabo e mandá-lo de volta para o inferno. Estava mesmo pronto para voltar à batalha e vencer.

O SEGREDO DO SUCESSO

Você talvez nunca tenha ouvido falar dos Funderburgs, pois não se tornaram famosos, nem ricos, não construíram grandes catedrais e nem têm uma grande entidade com seu nome. Mas apenas como um exemplo do fruto do seu ministério, uma das pessoas que aceitaram Jesus através deles, pastor Neri, já abriu mais de vinte igrejas no Amazonas.

Mesmo sem atingir o que muitos considerariam como sucesso, com seus dons eles tocaram as vidas de muitos homens que estão pregando o Evangelho hoje. Por causa da sua influência e do seu ministério, muitas igrejas estão abertas e milhares de pessoas estão servindo a Jesus como seu Salvador hoje. Robert e Fanny Funderburg são o completo oposto do fracasso, porque não enterraram o que Deus lhes deu, mas usaram para tocar muitas vidas.

Capítulo 4

A língua da fé

Quando cheguei ao Brasil pela primeira vez com minha família, fomos direto para a selva Amazônica a fim de trabalhar como missionários. Na época, eu tinha 13 anos e não falava nada em português, a não ser algumas palavras, como: *por favor, como vai* e *obrigado*.

No início foi muito difícil, pois ninguém da minha família falava bem a língua e, às vezes, ao participar de um culto, sem entender mais do que uma palavra em cem, quase ficava zonzo tentando compreender a pregação. Ouvia todo mundo dar uma risada, ou então alguém falar um amém mais forte, de acordo com a mensagem do pregador. Mas, para mim nada tinha significado. Ele até poderia dizer que minha casa estava pegando fogo, e eu continuaria ali, olhando para ele, com uma expressão de total ignorância.

Mas continuei na batalha para aprender o português, esperando ansioso pelo dia em que pudesse dizer que era *fluente* na nova língua. Para mim, a *fluência* era uma posição de *status* e liberdade que eu ansiava atingir.

Os missionários mais experientes, que já tinham aprendido a língua, diziam que no dia em que eu tivesse um sonho em que tudo fosse falado em português, então eu poderia dizer que a dominava.

Isso porque, quando podemos sonhar numa determinada língua, significa que aprendemos a pensar naquele idioma. Quando isso acontecesse comigo, não seria mais necessário pensar em inglês e depois traduzir os pensamentos para o português – um processo muito demorado e limitado; mas daí em diante poderia pensar e imediatamente falar em português.

Comecei, então, a tentar lembrar de todos os meus sonhos, para ver em qual idioma estava sonhando. A primeira coisa que pensava ao acordar era se eu havia sonhado em português.

Até que o grande dia chegou. Depois de muitos meses no Brasil, acordei bem cedinho e me lembrei de um sonho em que toda a conversa tinha sido em português. Como fiquei animado! E fui logo acordar meu irmão mais velho que ainda estava dormindo: "Len, Len, acorda! Tenho algo muito importante para lhe contar". Ele abriu um pouquinho os olhos e falou: "Ei, o que foi?" Eu disse, ainda tão animado que estava até um pouco descontrolado: "Quero lhe contar algo legal". Dessa vez, ele respondeu: "Então, conta logo". Exclamei quase gritando: "Sonhei em português!" Ele simplesmente olhou para mim e retrucou: "E daí?" E voltou a dormir.

Por mais que contasse meu sonho a todos, não ligavam muito. Mesmo assim, essa experiência marcou uma nova fase em minha vida. A partir daí, me senti como se o português fizesse parte de mim.

Viver pela fé é assim: é como aprender a falar uma nova língua. Depois de aceitar Jesus como Salvador, literalmente nos tornamos nenéns, não segundo a carne, mas espirituais. E da mesma forma que um bebê precisa aprender a falar uma palavra de cada vez, temos que aprender a falar o que eu chamo de "a língua da fé".

Antes de conhecer a Deus, somos acostumados a falar em termos de crítica, impossibilidades, ceticismo, negativismo e dúvidas. Falamos mais do que não pode acontecer do que pode acontecer; mais dos problemas do que das soluções; e mais do que existe de mau do que de bom. Assim, estamos falando a língua do Diabo e nos submetemos à escravidão do seu reino.

"Mas Gary, o Diabo não fala uma língua própria", alguém poderia me dizer. De acordo com a Palavra de Deus, ele fala, e a sua língua é a da mentira! O apóstolo João diz o seguinte: *"Vocês pertencem ao pai de vocês, o Diabo, e querem realizar o desejo dele. Ele foi homicida desde o princípio e não se apegou à verdade, pois não há verdade nele.*

A LÍNGUA DA FÉ

Quando mente, fala a sua própria língua, pois é mentiroso e pai da mentira" (João 8.44 – NVI).

Mesmo depois de havermos nascido de novo e passarmos a viver pelo Espírito, somos chamados a aprender um novo vocabulário, a falarmos uma nova língua: a língua da fé. Sobre as nossas vidas existe um poder incrível: nossas línguas. No livro de Provérbios está escrito: *"A morte e a vida estão no poder da língua; e aquele que a ama comerá do seu fruto"* (Provérbios 18.21). Já que existe tal poder na nossa língua, precisamos aprender a falar a língua da fé!

Você está vendo como é explosivo esse princípio? Tiago disse que a língua é poderosa. E como um leme muito pequeno, que guia um navio enorme sendo empurrado por ventos fortes. É por causa dessa força incrível que há em nossas línguas, que a Palavra de Deus nos traz tantas exortações e ensinamentos sobre o uso das palavras.

Da mesma forma que é necessário aprendermos a pensar numa língua para nos expressarmos bem, nossos pensamentos também são extremamente importantes se vamos falar ou não a língua da fé. Por essa razão Paulo disse: *"Finalmente, irmãos, tudo o que é verdadeiro, tudo o que é respeitável, tudo o que é justo, tudo o que é puro, tudo o que é amável, tudo o que é de boa fama, se alguma virtude há e se algum louvor existe, seja isso o que ocupe o vosso pensamento"* (Filipenses 4.8). O primeiro passo para falar a língua da fé é começar a pensar de acordo com a Palavra de Deus.

Antes de nos convertermos a Jesus, toda nossa maneira de pensar gira em torno das nossas habilidades e limitações naturais. Em outras palavras, cremos somente no que podemos fazer por nós mesmos e, praticamente, mais nada. Pensamos: "O que não dá para eu fazer por mim mesmo, não pode ser feito".

A pessoa não salva é limitada ao que pode ver, ouvir, saborear, tocar e cheirar, usando os cinco sentidos naturais. E ela geralmente não acredita naquilo que seja sobrenatural – ou além da sua realidade natural. Tudo o que fala é de acordo com as suas limitações físicas e a incredulidade do seu coração.

A LÍNGUA DA FÉ

Mas depois de conhecer o Senhor Jesus, passamos para um mundo de possibilidades. Servimos a um Deus para o qual não existem limitações e nem impossibilidades. E servimos a um Senhor que disse: "Nada é impossível para aquele que crer". Já pensou nisso? *Nada é impossível*, somente precisamos crer.

Essa língua de fé é um dos segredos mais importantes do sucesso, pois somente pela fé é que podemos agradar a Deus. Como está escrito em Hebreus 11.6: *"De fato, sem fé é impossível agradar a Deus, porquanto é necessário que aquele que se aproxima de Deus creia que ele existe e que se torna galardoador dos que o buscam"*.

E a língua de fé é um princípio tão poderoso que, através dela, podemos apagar o fogo, acalmar animais selvagens e derrotar exércitos. Talvez alguém pense: espera aí, você está ousando falar muito! Não sou eu quem diz isso, é a Palavra de Deus que nos ensina.

Repare no que está escrito em Hebreus 11.33-35: *"... os quais pela fé conquistaram reinos, praticaram a justiça, alcançaram o cumprimento de*

promessas, fecharam a boca de leões, apagaram o poder do fogo e escaparam do fio da espada; da fraqueza tiraram força, tornaram-se poderosos na batalha e puseram em fuga exércitos estrangeiros".
Existe um mundo de proezas a ser realizado pela fé, por nós, o povo de Deus. Jesus mesmo disse que faríamos maiores coisas do que Ele fez. Somente precisamos começar a falar a língua de Deus.

Houve uma ocasião em que Deus começou a abrir meus olhos para essa verdade. Na época, tinha 15 anos e me lembro de que havia passado alguns meses estudando enfaticamente sobre a fé em Deus.

Certa vez, quando Ronaldo, um amigo meu, passava o dia em minha casa, fomos molhar as plantas na varanda na parte de fora da casa. Estava um lindo dia de sol e a combinação de calor, baldes de água na mão e a idade brincalhona dos 15 anos foram irresistíveis para mim. Sei que, além das plantas, molhei também meu amigo, e comecei a correr para conseguir entrar dentro de casa antes que ele fizesse o mesmo comigo.

Quando estava a uns dois passos da porta, pensei: "Estou quase seguro, pois ele não irá jogar água dentro da casa". Nesse instante, Ronaldo jogou o seu balde de água, mas ao invés de me acertar, a água se espalhou à minha frente. Com meu próximo passo, pisei na água e escorreguei justamente enquanto entrava pela porta. Meu joelho bateu em um ferro fino e caí no chão, rangendo os dentes e gemendo. Havia trincado o joelho e sentia tanta dor que tive vontade de chorar.

Passei a próxima hora sentindo mais dor do que jamais sentira em toda a minha vida. Mais tarde, esticado na cama e tomando muito cuidado para não me mexer por causa da dor, comecei a orar, pedindo a Deus que curasse meu joelho trincado.

Senti a voz do Espírito me falando que devia começar a adorar a Deus pela cura, antes mesmo de vê-la. Comecei a fazê-lo, mas nada aconteceu.

Passou-se um dia, e continuava mancando e agradecendo a Deus pela cura. Veja bem que eu não fazia isso porque alguém tinha me mandado ou me obrigado a fazer; agia assim porque tinha fé no meu coração de que seria curado.

No segundo dia, meu joelho estava tão inchado que nem podia mexê-lo mais. Chegou a hora de ir para o culto, e ainda estava agradecendo a Deus pela cura, sem ter visto nada. Quando fui entrar na Kombi que nos levaria, chegaram também vários alunos da Escola Bíblica para pegar carona conosco. Éramos muitos para o espaço da Kombi e todos tinham que ficar bem juntos para caberem no carro. Como meu joelho não dobrava, tive que ocupar o lugar de duas ou três pessoas. Fui alvo de muitos olhares de desaprovação, já que não tinha explicado nada do joelho trincado para eles; mas ninguém falou nada.

Na igreja, quando alguém queria passar na minha frente, não podia dobrar o joelho para deixá-lo passar. Ganhei mais alguns olhares de desaprovação, enquanto as pessoas passavam por cima da minha perna. Ainda não tinha falado nada com meu pai a respeito do joelho trincado, mas com toda a confusão daquela noite ele notou. Assim que chegamos em casa, perguntou o que tinha acontecido e pediu para olhar.

Quando ele colocou a mão sobre o meu joelho, dei um grito de dor. Ele olhou para mim e disse: "Gary, seu joelho está bem ruim. Agora você decide: ou nós vamos procurar um médico a esta hora da noite, ou podemos crer em Deus para curá-lo; vou ajudar você nessa tarefa". Eu disse: "Pai, estou crendo em Deus para ser curado". Ele orou junto comigo, e eu fui dormir, ainda mancando, mas agradecendo a Deus pela cura.

Na manhã seguinte, estava vestindo minha roupa para sair, ainda bem sonolento, quando percebi que meu joelho estava curado! Comecei a pular e adorar a Deus, pois agora não havia mais nada de errado com meu joelho! Como glorifiquei a Deus naquele dia!

A fé verdadeira em Deus não é uma espécie de doutrina do poder da mente sobre a matéria. Não acredito que através de pensamentos positivos *nós* possamos fazer milagres. Temos que ser claros sobre um ponto muito importante: é Deus quem faz *milagres; não o poder do homem.* A fé não é uma força em si. É Deus quem tem o poder; Ele tem a força. Nossa fé precisa estar firmada no Senhor. Jesus disse: "Tenha fé em Deus"– não em nossa força natural ou em nossas habilidades. *"Confia no Senhor de todo o teu coração e não te estribes no teu próprio entendimento"* (Provérbios 3.5).

Se você está doente e alguém lhe pergunta: o que você tem? Não responda: "Não tenho nada, não estou doente, estou muito bem". Creio que, ao contrário de ajudar, isso atrapalha a plena operação da sua fé. O simples fato de negar o problema não faz com que ele desapareça.

O rei Davi era um homem com uma fé muito grande em Deus. O Senhor falou sobre ele: *"Encontrei Davi, filho de Jessé, homem segundo o meu coração; ele fará tudo o que for da minha vontade"* (Atos 13.22 – NVI).

Davi tinha uma maneira de orar e conversar muito equilibrada. Ele era honesto em confessar a dificuldade ou o problema que enfrentava no momento, mas também sempre expressava sua confiança em Deus para atuar, para fazer um milagre.

Quando ele estava cercado por inimigos, disse: *"Senhor, como se têm multiplicado os meus adversários! São muitos os que se levantam contra mim. Muitos dizem da minha alma: Não há salvação para ele em Deus. Porém tu, Senhor, és um escudo para mim, a minha glória, e o que exalta a minha cabeça. Com a minha voz clamei ao Senhor, e ouviu-me desde o seu santo monte"* (Salmo 3.1-4).

Quando estava doente, ele disse: *"Os meus lombos estão cheios de dores; não há coisa sã na minha carne... Em ti, ó Senhor, espero; tu, ó Senhor meu Deus, me ouvirás"* (Salmo 38.7, 15).

Quando se sentia seco espiritualmente, quando estava cansado, ele dizia: *"Como o cervo anseia pelas correntes das águas, assim suspira a minha alma por ti, ó Deus... Por que estás abatida, ó minha alma? Por que te perturbas em mim? Espera em Deus, pois ainda o louvarei, meu Salvador e meu Deus. Ó meu Deus, dentro em mim a minha alma está abatida; portanto, lembrar-me-ei de ti desde a terra do Jordão, e desde as alturas do Hermom, desde o monte de Mizar"* (Salmo 42.1, 5, 6).

É incrível notar que Davi era sempre honesto com seus problemas e confessava sua fé na atuação de Deus em seu favor. E por causa da sua fé, Deus operava mesmo.

Há pessoas que ensinam que se uma palavra negativa sobre o seu problema sair da sua boca, você está selando ou aprovando que as coisas fiquem assim. Dizem que se alguém falar que está doente, não poderá mais ser curado, vai ficar doente mesmo. Realmente, se você só confessar o problema e mais nada, estará apoiando a situação e dessa maneira selando a derrota para sua vida.

O segredo está em confessar o que está enfrentando e também o que está pedindo a Deus e o que crê que Ele vai fazer. Confesse as promessas de Deus para sua circunstância pessoal, como o rei Davi fazia. O jeito certo e equilibrado para falar quando estamos em dificuldade é como Davi fazia. Declare o que o está atacando, mas não se esqueça de declarar o milagre que Deus vai fazer!

Quando falamos na língua da fé, não estamos negando os fatos; se estou doente, digo: "Estou doente, mas creio que Deus vai fazer um milagre". Se estou sem dinheiro, não emito cheques sem fundos, dizendo: "Tenho dinheiro na conta", quando sei que não tenho. Eu oro e peço a Deus para suprir e lhe agradeço o suprimento. A fé é a prova das coisas que não se vêem, não é um mero ato de negar as circunstâncias. A língua da fé diz: "Não estou vendo a resposta ainda, mas creio em Deus, pois Ele é fiel; Ele vai operar um milagre".

Esse segredo da língua da fé tem sido revolucionário na minha vida espiritual. Entendendo e praticando esse princípio, tenho visto Deus fazer muitos milagres. Essa é a chave para poder ver Deus operar milagres cada vez maiores em nossas vidas. Comece a pedir que Deus lhe dê revelação sobre a língua da fé, ponha em ação aquilo que Ele está mostrando e você verá o Senhor fazer coisas maiores do que nunca em sua vida.

Capítulo 5

Humildade e ousadia

Geralmente, quando se fala de sucesso na vida, ninguém pensa muito no princípio da humildade, pois ela é vista praticamente como a antítese do sucesso. Humildade sempre traz aquela conotação de uma pessoa oprimida, pobre, sem instrução, que aceita ser pisada por todos. Se o significado realmente fosse esse, ninguém ia querer ser humilde.

Uma das coisas mais chocantes que aprendi nessa minha busca para conhecer as leis do sucesso foi descobrir que praticamente toda a minha concepção sobre a humildade estava errada! Com o passar dos anos, havia construído uma imagem a respeito de humildade que tinha muito pouco a ver com o que a Bíblia ensina. Quando Deus começou a me mostrar esses princípios, senti como se uma venda tivesse sido tirada dos meus olhos e então pude enxergar pela primeira vez.

Enquanto Deus trabalhava para mudar a minha visão, Ele me mostrou uma passagem que até então, no meu tempo de leitura bíblica, passava por cima, ou a lia o mais rápido possível. Está no livro de Mateus 23.11, 12, quando Jesus diz: *"O maior entre vocês deverá ser servo. Pois todo aquele que a si mesmo se exaltar será humilhado, e todo aquele que a si mesmo se humilhar será exaltado"* (NVI).

Jesus estava querendo ensinar que Ele quer nos exaltar! A vontade de Deus é de nos exaltar e não de nos humilhar. Ele estava dizendo, em outras palavras: "Trate de se humilhar, e eu cuido de exaltá-lo". Mas também estava nos dando um aviso: "Se você se exaltar, eu vou entrar em cena e humilhá-lo". Não passou muito tempo e o Senhor me deu uma lição prática desse princípio.

Estava no início do meu ministério, viajando de cidade em cidade, fazendo conferências. Uma noite, estava pregando numa campanha no Estado de Michigan, nos Estados Unidos, quando Deus operou de uma maneira muito especial. Todos no local sentiram a presença do Espírito Santo pairando em nosso meio. Eu só tinha ministrado a Palavra durante alguns minutos, quando os milagres começaram a acontecer. O Espírito Santo estava operando de maneiras diferentes com o povo, naquela mesma hora. Alguns choravam e se arrependiam dos pecados, outros estavam sendo curados de enfermidades mas, sem dúvida, todos sentiram o fogo de Deus.

Depois da reunião, dentro do quarto, sentado ao lado da cama, ouvi uma vozinha na minha cabeça, que dizia: "Você viu como pregou bem hoje? Você é muito bom na pregação da Palavra. Você aprendeu mesmo como ministrar com grande habilidade". E por mais que algo dentro de mim dissesse: "Não aceite essa palavra, ela não é de Deus", meu ego estava gostando daquilo que o Diabo dizia no meu ouvido.

Confesso que saí daquela cidade a caminho da próxima conferência pensando que agora era um grande pregador. Ao chegar em Utah, para ministrar uma série de mensagens numa determinada igreja, o meu orgulho era tamanho que nem me preparei muito, pois pensava que já era muito bom e que iria arrasar ali no poder de Deus.

Quando subi ao púlpito para pregar, fui com ares de confiança, achando que seria tudo perfeito. Calmo, olhei para a congregação, abri a Bíblia e comecei a falar. Só posso dizer que foi uma das mensagens mais fracas que já preguei até hoje. Mais ou menos na metade da mensagem, olhei para as expressões de tédio e de sono no rosto das pessoas e tive uma vontade incrível de sair correndo e não voltar mais ali!

Quando cheguei no local onde estava hospedado e, outra vez, sentado na cama antes de dormir, ouvi outra voz falando comigo. Só que dessa vez era a voz do Espírito Santo. Ele me disse: "Viu o jeito que você pregou hoje? Aquilo foi você. Na outra noite quando tudo foi tão bom, era Eu quem estava operando". Como fui humilhado com aquelas palavras de Deus, mas sabia que estava precisando ser tratado pelo Senhor. Aprendi uma lição valiosa: nunca devemos tentar roubar a glória de Deus.

Deus, então, começou a abrir meus olhos e a me ensinar sobre a humildade que Ele queria em mim. Aprendi algo que simplesmente transformou minha vida. Ser humilde não significa que não posso ser ousado ou ter confiança. Simplesmente quer dizer que a minha ousadia e a minha confiança estão baseadas no Senhor, e não em mim mesmo.

O Senhor me mostrou que eu podia ter subido ao púlpito para pregar com ousadia; o meu erro não foi a confiança que demonstrei, mas aonde ela estava depositada. A minha confiança tinha que estar em Deus, e nunca em mim mesmo; esse é o princípio da humildade. Claro que o Senhor queria me ver bem, com sucesso, exaltado. Mas Ele queria fazer à sua própria maneira. O meu papel era o de me humilhar e deixar que Ele me exaltasse a seu modo.

Em 1 Pedro 5.5, 6 está escrito: "... *Sejam todos humildes uns para com os outros, porque Deus se opõe aos orgulhosos, mas concede graça aos humildes. Portanto, humilhem-se debaixo da poderosa mão de Deus, para que ele os exalte no tempo devido*" (NVI). Deus está dizendo de modo bem claro que Ele quer nos exaltar, mas, para que isso aconteça, temos que viver na dependência dele, temos que reconhecê-lo como a nossa única fonte de força, habilidade e êxito.

Ser humilde não significa ser tímido, fraco ou derrotado. Podemos ser ousados como um leão na nossa milícia contra as forças das trevas, e ainda assim sermos humildes. Na verdade, a real humildade, aquela atitude que atribui somente a Deus toda honra e glória, ao invés de nos tornar fracos e oprimidos vai nos transformar em guerreiros poderosos para o avanço do reino de Deus.

O livro de Provérbios demonstra esse princípio, quando diz: "*Fogem os ímpios sem que ninguém os persiga, mas os justos são ousados como o leão*" (Provérbios 28.1). Uma das passagens que mais mostra o poder da humildade está no capítulo 22, versículo 4: *"O galardão da humildade e do temor do Senhor são riquezas, honra e vida"*. Que promessa incrível! O Senhor está dizendo que podemos adquirir vida, honra e riqueza através da humildade!

Quando viajei pela América Central, tive uma experiência pessoal de que podemos ser ousados e, ao mesmo tempo, humildes e simples. Um grande amigo meu, *Scott Hamilton*, estava comigo num ônibus que, a princípio, tinha sido fabricado para levar crianças para a escola nos Estados Unidos. Os bancos foram feitos para levar duas crianças, mas eles colocavam três *adultos*. E o ônibus ainda tinha um sistema de som que tocava uma mesma música barulhenta a todo volume.

Várias pessoas nos aconselharam a não viajar de ônibus naquela região, pois era muito arriscado. Havia o perigo constante de bandidos, guerrilheiros da luta civil e soldados do exército por todo canto, armados com metralhadoras. Antes de embarcar no ônibus, nossos amigos nos contaram casos em que os bandidos pararam alguns ônibus e mataram todos os passageiros.

Depois de viajarmos vários dias assim, no interior da Guatemala fomos parados pelos guerrilheiros. Um deles, em pé fora do ônibus, logo à nossa frente, tinha uma metralhadora apontada na nossa direção e estava com o dedo no gatilho. Outros entraram no ônibus e começaram a revistar todo mundo. Alguns homens que viajavam portavam armas escondidas e isto poderia dar início a um tiroteio, e estaríamos no meio disso tudo a qualquer momento.

Orei baixinho e confesso que não sabia o que fazer quando, de repente, uma senhora de mais ou menos 50 anos ficou em pé e encarou aqueles homens. Com voz de autoridade, ela disse bem alto: "O que vocês pensam que estão fazendo, hein? Vocês não têm vergonha de nos tratar assim?" Ela olhou para um deles, que estava à sua frente, e disse: "Você por acaso não tem uma mãe que se parece um pouco comigo? Saia daqui e nos deixe em paz". Enquanto ela continuava falando cada vez mais agitada, os guerrilheiros abaixaram suas cabeças e foram saindo do ônibus um a um, nos deixando ir embora!

O incrível é que ela era uma pessoa simples, humilde e tão magrinha que não teria conseguido resistir fisicamente a nenhum deles. Mas ela triunfou pela ousadia e humildade. E é claro que Deus a usou para nos livrar, e me deu uma boa lição justamente a respeito desse princípio.

A humildade dá força à ousadia, no plano de Deus. Seja humilde, sim; mas seja corajoso também. Foi com esse princípio em mente que Jesus disse: *"Bem-aventurados os humildes, pois eles receberão a terra por herança"* (Mateus 5.5 – NVI). Devemos lembrar que a força não está em nós, mas em Deus. Por isso, a Palavra diz: "... *Não por força nem por poder, mas pelo meu Espírito, diz o Senhor dos Exércitos"* (Zacarias 4.6). Entendendo isso, podemos descobrir o segredo da ousadia através da humildade.

Capítulo 6

Não se compare aos outros

Todos os princípios que temos analisado até aqui e que podem nos levar ao sucesso, não serão de proveito algum em nossas vidas se cairmos na terrível cilada do inimigo que é a de nos compararmos uns com os outros. A competitividade entre os membros do Corpo de Cristo é uma das estratégias mais devastadoras usadas por Satanás.

No livro de Gálatas, capítulo 6, lemos o seguinte: *"Levem os fardos pesados uns dos outros e, desta forma, cumpram a lei de Cristo. Se alguém pensa ser alguma coisa, não sendo nada, engana-se a si mesmo. Cada um examine os próprios atos, e então poderá orgulhar-se de si mesmo, não à custa de outros, pois cada um deverá levar a própria carga"*. Quando li essa passagem algum tempo atrás, achei que havia uma disparidade entre o versículo 2 e o 5, pois o verso 2 diz: *"levai as cargas uns dos outros"*, e o 5: *"pois cada um deverá levar a própria carga"*.

Como vou levar a carga do meu irmão ou minha irmã se o apóstolo Paulo está me dizendo que tenho que levar o meu próprio fardo? Como posso me preocupar com a carga do meu irmão? Perguntei ao Senhor sobre isso e o Espírito Santo me deu uma revelação sobre essa passagem.

A primeira coisa que o Espírito me mostrou é que deve existir o espírito de compaixão na Igreja do Senhor Jesus. Isso significa que realmente devemos estar preocupados com as necessidades e os sentimentos uns dos outros. Precisamos realmente ter amor profundo uns pelos outros e nos importarmos com o que acontece com os nossos irmãos.

Para entendermos essa passagem um pouco melhor, temos que voltar ao versículo 1 do capítulo 6: *"Irmãos, se alguém for surpreendido em alguma falta, vós que sois espirituais corrigi-o com espírito de brandura e guarda-te para que não sejas também tentado"*. Ou seja: carregar as cargas uns dos outros significa importar-se com o que seu irmão está passando.

Se alguém cair em pecado, tropeçar ou for apanhado em alguma falta, não podemos de forma alguma desprezar essa pessoa ou simplesmente colocá-la para fora da igreja. Somos chamados para ajudar a restaurar a vida dos nossos irmãos e levá-los de volta à comunhão com Deus e com a igreja.

Nosso alvo deve ser: "Eu quero ajudar aquele irmão a levantar-se novamente". Quando Paulo nos disse para tomarmos cuidado a fim de também não sermos tentados, está dizendo que nenhum de nós pode ficar se achando superior à pessoa que caiu, pensando: "Eu nunca faria uma coisa dessas".

Esse pensamento é muito perigoso porque você também pode ser tentado e cair igualzinho àquele que você está desprezando. É primordial que tenhamos um espírito de humildade, de brandura e de compaixão para com os nossos irmãos e irmãs. Precisamos de uma atitude que diz: "Se você tiver dificuldade, se tropeçar e errar, enquanto você está pronto a tentar de novo, a pedir perdão a Deus e caminhar para frente, pode contar comigo, estarei com você. Estou pronto a ajudá-lo a carregar sua carga. Vamos lá! Não desanime! Somos membros do Corpo de Cristo".

O próximo ponto que precisamos entender é que nunca devemos nos comparar uns com os outros. Uma das estratégias sutis que o inimigo usa para nos impedir de sermos abençoados é justamente a de criar ciúmes em nosso meio quando nos comparamos aos outros.

A competitividade exagerada e imprópria é um problema que o ser humano tem desde criança. Lembro-me das vezes em que eu e meu irmão nos comparávamos, e só havia brigas e discussões. Não achávamos justo se um ganhasse mais dos pais do que o outro. Se um pensasse que o outro estava sendo mais favorecido, começavam as reclamações.

NÃO SE COMPARE AOS OUTROS

Lembro-me de como minha mãe era sábia nas ocasiões em que eu e meu irmão estávamos com ciúmes um do outro. Por exemplo: se houvesse apenas um pedaço de bolo sobrando e nós dois quiséssemos comer aquele pedaço, ela tinha um método muito inteligente para resolver o problema. Dizia-nos: "Um de vocês corta o bolo em dois pedaços e o outro pode escolher o primeiro pedaço". Se usássemos uma balança extremamente precisa, o bolo não seria dividido tão bem. Era certo que aquele bolo seria repartido com precisão absoluta, porque se um de nós cortasse um pedaço maior que o outro achando que ia comer mais bolo, não daria certo, pois o outro escolheria o pedaço maior. Era a maneira que minha mãe usava para nos ensinar a sermos justos.

Essa mesma atitude com a qual lutava quando criança é um problema sério hoje na Igreja também. Nossa tendência natural e carnal aprendida na infância é de sermos competitivos, de termos ciúmes uns dos outros. Ficamos preocupados quando outros no Corpo de Cristo têm mais dons ou mais talentos do que nós.

Foi justamente com essa idéia em mente que o apóstolo Paulo disse que devemos provar cada um de nós o seu próprio trabalho e não nos compararmos uns com os outros. E, dessa forma, devemos carregar o nosso próprio fardo. Ele estava falando sobre duas coisas completamente diferentes, mas que precisam funcionar em conjunto: devemos amar uns aos outros no Corpo de Cristo a ponto de estarmos prontos para carregar o fardo do nosso próximo; mas nunca devemos nos comparar com a vida do outro, porque isso sempre vai desvirtuar aquilo que Deus está querendo fazer com nossas próprias vidas. Cada um de nós tem que responder por si mesmo diante do seu Mestre.

Todos nós temos um chamado todo especial; temos dons especiais; temos talentos que Deus nos dá. Portanto, não é correto ficarmos comparando nossos dons e talentos ou nosso chamado com os do próximo. Seja a pessoa que Deus chamou a ser; seja você mesmo! Então, você será um presente de Deus para o Corpo de Cristo. Sua vida será vista pelo Senhor como um sucesso perante seus olhos.

Capítulo 7

A bênção de compartilhar

"...o que ganha almas é sábio" (Provérbios 11.30).

Alguns anos atrás estava conversando com um amigo chamado Azarias, um pastor africano. Estudávamos juntos no *Instituto Cristo Para as Nações*, em Dallas, Texas. Enquanto compartilhávamos sobre algumas passagens bíblicas do Antigo Testamento, começamos a notar a grande compaixão de Moisés pelo povo de Israel.

Depois de passar quarenta dias e quarenta noites no Monte Sinai, presenciando a glória de Deus e ouvindo o Senhor traçar o seu pacto com o povo de Israel, Moisés desceu do monte com as duas tábuas de pedra onde estavam os dez mandamentos, escritos pelo próprio dedo de Deus. Lá em baixo, Moisés encontrou o povo adorando um ídolo de ouro, feito por seu irmão Arão.

Quando Moisés viu o povo adorando o ídolo, ficou irado e jogou as tábuas de pedra, despedaçando-as ao pé do monte. Deus também estava irado a ponto de querer destruir todo o povo de Israel, e se ofereceu para levantar novamente uma grande nação através de Moisés.

É claro que Deus não poderia propor algo que seria errado aceitar, e Moisés poderia muito bem ter dito: "Sim, acabe com eles, Senhor, e vamos começar de novo comigo e meus descendentes. Sou descendente de Abraão, Isaque e Jacó, então as promessas do Senhor para eles ainda serão cumpridas". Moisés simplesmente tinha todo o direito de falar assim, pois ele também estava muito irado com o povo. Mas não o fez.

Nesse momento, a compaixão de Moisés para com o povo de Israel foi evidente, pois intercedeu por eles junto a Deus. E quando passou a ira de Deus, Moisés pediu o perdão do Senhor para com o povo e disse: *"Agora, pois, perdoa o seu pecado, se não, risca-me, peço-te, do teu livro, que tens escrito"* (Êxodo 32.32).

Moisés tinha acabado de passar várias semanas na gloriosa presença de Deus, e dentre todos os homens vivos naquele instante, era quem mais sabia da grande perda que seria passar a eternidade longe de Deus, com seu nome riscado do livro dos salvos do Senhor. Mas Moisés estava pronto a pagar até esse preço pelo povo que liderava: o povo de Israel.

O apóstolo Paulo, no livro de Romanos, transmite o mesmo sentimento para com o seu povo, o povo de Israel, quando diz: *"Pois eu até desejaria ser amaldiçoado e separado de Cristo por amor de meus irmãos, os de minha raça, o povo de Israel"* (Romanos 9.3, 4 – NVI).

Os judeus são os que mais causaram problemas e perseguiram Paulo no seu ministério, seguindo-o de país em país para lhe arrumar dificuldades. Mesmo assim, ele estava pronto para ser separado de Cristo, se isso fizesse com que eles conhecessem Jesus. Paulo, que tinha visto o

Senhor com seus próprios olhos e tinha tido revelações incríveis das coisas espirituais, poderia imaginar o que seria uma eternidade sem Deus. Mas pela compaixão tão grande que tinha pelo seu povo, estaria pronto a entregar tudo por eles.

Enquanto Azarias e eu falávamos dessas coisas, o Senhor guiava a nossa conversa. De repente, olhei para meu amigo e lhe disse: "Azarias, eu tenho que achar um lugar para orar". Ele respondeu: "Quero ir com você".

Fomos parar numa despensa onde guardavam materiais de limpeza. E lá, no meio de vassouras, esfregões e panos, caímos de joelho. Não sou exatamente o tipo de pessoa que chora muito; não sou frio, mas apenas não costumo me expressar através do choro. Mas, naquele dia, minhas lágrimas eram tantas que começaram a molhar o chão. Olhei para cima e disse: "Pode falar, Senhor, estou ouvindo".

Naquele instante, senti a voz firme de Deus falando ao meu coração e me perguntando:

"O que você quer para a sua vida, para o seu ministério?" Logo passou pela minha mente a visão de um grande ministério, com muito dinheiro, um avião, uma linda sede e muita fama; era como se o Senhor estivesse sondando o meu coração. Logo vi como era vaidade desejar tudo isso e, com muitas lágrimas, disse: "Senhor, não quero essas coisas, mas quero apenas que a minha vida possa servir como um instrumento para ajudar a resgatar muitas almas do Diabo e do inferno. Senhor, dá-me também uma compaixão profunda pelas almas, como Moisés e Paulo tiveram". E ouvi o Senhor falando: "Você escolheu certo, e isso eu farei".

Aquela experiência mudou a minha vida. Logo, eu não ambicionava mais as coisas em si, mas poder servir ao Senhor de todo o coração e ministrar às pessoas com compaixão. Daquele dia em diante, nasceu em mim uma profunda compaixão – maior do que jamais tive – para investir minha vida toda em prol das almas perdidas.

Mesmo com esse fogo ardente no coração, com essa compaixão pelas almas, reconheço que há dias em que levanto barreiras e invento desculpas ao invés de pregar para alguém. Por incrível que pareça, comecei a notar que mesmo tendo muita ousadia para pregar em cruzadas evangelísticas, às vezes me faltavam palavras para o evangelismo pessoal.

Via todo ano centenas de pessoas aceitarem Jesus nos apelos que fazia em alguma campanha mas, às vezes, eu tinha dificuldade em pregar para uma ou duas pessoas ao meu lado. Fiquei atribulado com essa barreira e pedi a Deus para me ajudar a vencê-la. Foi quando o Senhor me mostrou algo surpreendente.

Minha dificuldade em pregar para algum indivíduo era pensar o seguinte: "Ele não quer saber do Evangelho. Não posso incomodá-lo agora". Meu maior empecilho era achar que as pessoas não iam querer ouvir o Evangelho pregado por mim.

Claro que existe aqueles que realmente não querem ouvir o Evangelho. Entretanto, há muito mais pessoas que têm uma fome incrível das boas-novas e estão esperando que algum crente pregue a Palavra para elas. Precisamos apenas nos dispormos a falar de Jesus, pois o Espírito Santo está pronto a nos guiar até as pessoas abertas para recebê-lo. Precisamos ser ousados e sensíveis à voz do Espírito, e iremos ver muitos se converterem.

Pouco tempo depois, Deus me deu uma experiência prática dessa verdade extraordinária. Eu tinha acabado de pregar em uma campanha em que Deus havia operado com muito poder. Quando embarquei no ônibus vi uma senhora entrando na minha frente e ouvi a voz do Espírito Santo me dizendo: "Fala de Jesus para aquela mulher". Mas não prestei atenção. Continuei andando, entrei no ônibus, e pela segunda vez senti o Espírito Santo me falando: "Onde aquela mulher se assentar, assente-se ao seu lado e fale de Jesus para ela". Pela segunda vez ignorei a voz do Espírito e, mais uma vez, enquanto andava pelo corredor do ônibus, o Espírito Santo me falou: "Assente-se ao seu lado e fale de Jesus para ela". Pela terceira vez, ignorei-o.

Quando a senhora se assentou perto de uma janela à esquerda, fiz algo que considerei ser meio-termo em nível de obediência. Assentei-me perto da janela oposta ao lugar onde ela estava. Fiquei, de certa forma, perto dela. Pensei comigo mesmo: "O ônibus tem muitos lugares vazios, pois não há marcação de assentos e a gente pode escolher o lugar. Como posso me assentar ao seu lado sem que ela ache estranho?"

Enquanto estava assentado ali, dentro de mim havia uma luta muito grande, pois sentia que estava desobedecendo à voz do Espírito. Então, comecei a inventar desculpas para Deus: "Deus, o Senhor sabe que prego muito para as pessoas; acabei de falar em uma campanha onde o Senhor operou muito. Agora estou cansado e gostaria de ficar aqui, só, quietinho, no meu lugar".

Mas o Espírito Santo continuou falando: "Você está em desobediência meu filho; Eu lhe falei para pregar àquela mulher e você não está fazendo isso". Depois de um tempo, peguei minha Bíblia e comecei a ler. Pensei que a leitura da Palavra talvez me fizesse sentir um pouco melhor, mas nada faz a gente sentir-se bem quando estamos em desobediência.

Então aconteceu algo surpreendente. Por incrível que pareça, depois de mais ou menos uma hora sentado ali, aquela senhora virou-se para mim e disse: "Você não poderia vir aqui, sentar-se ao meu lado e me falar de Jesus?"

Quase não acreditei. Levantei-me em estado de choque, sentei-me ao lado dela e comecei a lhe falar de Jesus. Já estava com a Bíblia na mão e pensei comigo: "Vou pregar para ela um pouco, só para fazer o que Deus está me mandando; depois volto para o meu lugar, pois estou muito cansado e preciso dormir".

Mas aquela mulher me fazia uma pergunta após outra sobre as coisas de Deus, de forma que fiquei pregando para ela durante cinco horas sem parar. Ela pegava a Bíblia da minha mão, abria e fazia perguntas sobre diversas passagens; por fim, com lágrimas nos olhos, ela orou comigo para aceitar Jesus Cristo, ali mesmo, dentro do ônibus.

Ela havia brigado com o marido, estava se separando dele, e me disse naquela hora: "Assim que eu chegar à casa da minha mãe (que era o seu destino), vou fazer uma visita rápida e voltarei para o meu marido; vou falar das coisas de Deus para ele também".

O Senhor usou essa experiência para me falar a respeito de como compartilhar o Evangelho. Muitas vezes, levantamos barreiras na hora de falar de Jesus para outros. Há pessoas espalhadas por todo o canto, desesperadas para ouvir o Evangelho, querendo saber de Jesus, querendo conhecer as boas-novas, e apenas esperando que alguém fale de Cristo para elas. Por isso, na Palavra de Deus está escrito: *"Como, pois, invocarão aquele em quem não creram? E como crerão naquele de quem não ouviram falar? E como ouvirão, se não houver quem pregue? E como pregarão, se não forem enviados?"* (Romanos 10.14, 15 – NVI). De acordo com Filemom 6: *"Oro para que a comunicação da tua fé seja eficaz no conhecimento de todo o bem que em vós há por Cristo Jesus".*

Se queremos realmente ter entendimento de todas as coisas boas que Deus preparou para nós, elas só virão quando estivermos comunicando e compartilhando a nossa fé. Uma das maiores bênçãos que podemos experimentar na vida é podermos falar de Jesus e repartir aquilo que Deus nos concedeu.

Quando recebemos as bênçãos do Senhor para as nossas vidas e compartilhamos com outros, falando de Jesus, abrimos a porta para que Deus derrame cada vez mais bênçãos sobre nossa vida. Compartilhar, pregar e ensinar as coisas de Deus é uma parte integral do segredo do sucesso e um dos princípios mais importantes para realmente experimentarmos todas as suas bênçãos.

Deus revela esse princípio desde o pacto feito com Abraão, conforme Gênesis 12.2, 3: *"De ti farei uma grande nação, e te abençoarei, e te engrandecerei o nome. Sê tu uma bênção!"* O Senhor fez aliança com Abraão e determinou o que ia fazer na vida de seu servo; ele não apenas receberia bênçãos, mas seria uma bênção também.

Podemos ver que Deus nunca abençoa a vida de alguém para que seja egoísta com aquela bênção, mas para que a compartilhe com o mundo inteiro. Não podemos ficar contentes em apenas espalhar as boas-novas junto aos nossos familiares e aos da nossa pátria. Por isso, Deus disse a Abraão: *"... E em ti serão benditas todas as famílias da terra"* (Gênesis 12.3). Desde o livro de Gênesis o Senhor estava revelando o desejo de que a sua bênção fosse compartilhada com todos. E o princípio de sermos generosos com aquilo que Deus nos dá é um segredo de sucesso na vida.

Capítulo 8

O amor impossível

"E a esperança não nos desaponta, porque Deus derramou seu amor em nossos corações através do Espírito Santo, que Ele tem nos dado" (Romanos 5.5).

É muito difícil amar todo o mundo o tempo todo. É até muito fácil amar certas pessoas, e dá até para amar a maioria delas sem muitos problemas. Entretanto, parece que sobram algumas pessoas as quais é impossível amar, não importa o quanto a gente tente.

Sempre existem aqueles que não se encaixam em toda tentativa humana que possamos fazer para amá-los. Por mais que nos esforcemos, parece que existem alguns indivíduos com os quais é impossível simpatizarmos naturalmente.

Mas o Senhor Jesus disse que esse tipo de amor não é o suficiente: *"Se vocês amarem aqueles que os amam, que recompensa vocês receberão? Até os publicanos fazem isso!"* (Mateus 5.46 – NVI). E Ele disse, no livro de Lucas, que até os pecadores amam aqueles que os amam.

Lembro-me do caso de um rapaz que me irritava, só de olhar para ele. Eu tinha uns 16 anos na época. Ele estudava na Escola Bíblica e era o tipo de pessoa bem arrogante. Gostava de ir aos cultos todo vestido com roupa branca (e nem tinha prestado vestibular para o curso de medicina...). Também gostava de usar óculos escuros até para ir ao culto à noite.

Eu havia investido muito tempo trabalhando num galpão da Escola Bíblica para montar uma criação de coelhos. Gastara meses organizando tudo e tinha instalado um bebedouro automático canalizado para cada gaiola e, também, um comedouro automático.

Tudo estava perfeitamente organizado: mantinha o chão sempre bem limpo e havia feito até fichas para cada coelho! Muito do meu coração e do meu esforço estava empenhado naquela criação. Um dia, esse rapaz que me irritava foi ao galpão me fazer uma visita. Logo começou a falar a respeito da sua vida e de tudo o que ele tinha conseguido fazer recentemente. Durante a conversa, virou a cabeça e cuspiu no chão.

Não falei nada na hora, mas pensei comigo: "Isso não é justo. Eu mantenho tudo aqui tão limpo, me esforço para manter o lugar em ordem; ele não tem o direito de entrar aqui e agir assim". Mas fiquei quieto. Conversamos mais um pouco e, de repente, ele cuspiu no chão de novo. Dessa vez não consegui me segurar e falei: "Faça o favor de não cuspir aqui dentro". Ele concordou, desculpou-se, mas depois de algum tempo, cuspiu no chão de novo!

Comecei a ficar muito irritado e pensei comigo: "Como é difícil amar certas pessoas!" Fiquei com uma vontade enorme de dar-lhe um soco ou expulsá-lo daquele lugar. Assim que ele saiu, iniciei uma conversa com Deus.

Disse: "Deus, eu não consigo amar este rapaz. Ele me irrita e só faz coisas de que eu não gosto. Simplesmente não tem jeito, é impossível amá-lo". Aí, o Espírito Santo falou com uma voz bem suave no meu coração: "Você não tem que amá-lo". E logo pensei: "É mesmo, Senhor? Então vou atrás dele, dar-lhe uma bronca ou, quem sabe, um soco". Mas aí Deus terminou de falar: "Você só precisa deixar que Eu o ame através de você".

Naquele dia o Senhor começou a me revelar um segredo da uma vida bem-sucedida com Ele. Mesmo quando há pessoas que a gente não agüenta, que constantemente nos irritam e que fazem coisas que a gente não gosta, mesmo assim é possível amá-las quando recebemos o amor divino em nossos corações. Precisamos deixar que a nossa vida seja um condutor ou um canal pelo qual o Espírito Santo possa amar as outras pessoas. Precisamos aprender a colocar esse princípio em ação se quisermos ser quem realmente Deus chamou para fazer parte da sua Igreja. Se desejamos ser aquela Igreja vitoriosa, que é conhecida no mundo pelo amor, então devemos parar de depender apenas do nosso amor natural; temos que passar a depender do amor divino.

Vamos aprender este princípio: deixar o amor de Deus fluir em nossas vidas. Dessa forma, podemos amar o mundo todo, e não haverá alguém a quem não consigamos amar. Mesmo as pessoas que nos têm magoado, irritado, cometido injustiças conosco, ainda assim poderemos amá-las através do amor de Deus.

O amor a Deus e ao próximo é um dos grandes segredos do sucesso na vida. Por isso está escrito em Provérbios 3.3, 4: *"Não te deixem o amor e a fidelidade; ata-os ao teu pescoço, e escreve-os na tábua do teu coração. Então acharás graça e bom nome aos olhos de Deus e dos homens"*. O amor é uma forma de ganhar favor e um bom nome diante de Deus e dos homens. Esse princípio de amor é tão importante para Deus que é explicado como parte da sua essência, quando o apóstolo João disse que Deus é amor. Uma das definições da natureza de Deus é o próprio amor. Então, se quisermos agradar a Deus e ter sucesso com Ele, devemos amar como Ele ama.

O amor natural tem limites, mas o amor de Deus é infinito. Temos que parar de depender do amor natural e passar a depender do amor de Deus. Jesus fez essa acusação aos judeus que o perseguiam: "... *mas conheço vocês. Sei que vocês não têm o amor de Deus*" (João 5.42 – NVI). Ele estava mostrando que Deus quer colocar o seu amor em nossos corações. Se você está tendo dificuldades em amar certas pessoas, pode pedir a Deus, e Ele lhe dará o seu amor.

Às vezes, ficava frustrado quando lia sobre algo que Jesus mandou. *"Um novo mandamento vos dou: Amem-se uns aos outros. Como eu os amei, vocês devem amar-se uns aos outros. Com isso todos saberão que vocês são meus discípulos, se vocês se amarem uns aos outros"* (João 13.34, 35 – NVI). No fundo do meu coração, admitia que tinha dificuldades em amar a todos. O rapaz que me irritou por cuspir no chão do meu galpão era apenas um de vários a quem eu tinha dificuldades de amar. Foi então que descobri esse princípio tão poderoso que estou compartilhando com você. O segredo é o que Jesus disse em João 15.9: *"Como o Pai me amou, também eu vos amei; permanecei no meu amor"*.

Não precisamos depender do nosso amor natural. Mas através de uma vida em comunhão com o Espírito Santo podemos receber o amor de Deus e repassá-lo para os outros. E isso que agrada a Deus e traz sucesso para as nossas vidas.

Capítulo 9

Oração específica

"Não andem ansiosos por coisa alguma, mas em tudo, pela oração e súplicas, e com ação de graças, apresentem seus pedidos a Deus" (Filipenses 4.6 – NVI).

Um dos princípios mais importantes, quando se trata de sucesso, é a vida de oração. Sem um relacionamento íntimo com Deus, através da oração, é impossível vencer na vida espiritual. Algo primordial que descobri sobre a oração é que, para que ela seja eficaz, não pode ser feita sempre em termos gerais. Quando estamos pedindo algo a Deus precisamos ser específicos e claros. Quem me apresentou essa verdade pela primeira vez foi um evangelista chamado *Lauren Tourville*, que tinha um ministério com crianças.

Na época, estava com 12 anos, e meu pai acabara de anunciar que em um ano estaríamos partindo para o Brasil como missionários. Morávamos no Estado da Califórnia, onde eu havia nascido. Meu pai pastoreava uma igreja na cidade de Fresno, além de trabalhar com Pat Robertson ajudando a fundar o *Clube 700* na região oeste dos Estados Unidos. Em breve iríamos partir para passar aquele próximo ano visitando igrejas e nos preparando para sair do país como missionários.

Mesmo com apenas 12 anos, queria ajudar meus pais a ganhar almas quando chegássemos ao Amazonas, que era o nosso destino no Brasil. Então, nasceu um sonho no meu coração de fazer cruzadas evangelísticas para crianças. Como eu era criança, sabia o que mais tinha me tocado nessas reuniões especiais: eram justamente os fantoches e figuras de ventriloquismo.

Nessa ocasião, ouvindo o meu sonho, *Lauren Tourville* sentou-se comigo e começou a me explicar alguns princípios sobre a fé e sobre como agir para lançar um ministério novo. Ele disse que, em primeiro lugar, não era o bastante orar apenas em termos gerais. Por exemplo, não seria suficiente se eu ficasse só orando, dizendo: "Deus, eu quero ganhar crianças para Jesus no Brasil".

Ele me falou que eu deveria ter um alvo mais específico. Como meu alvo era ter um boneco de ventriloquismo e vários fantoches, me ensinou a orar e a pedir que Deus me desse esse material. Sendo o boneco de ventriloquismo muito caro, e eu não tendo dinheiro algum, ele me disse o seguinte: "Se você quer que Deus lhe dê essas coisas, você vai ter que orar e pedir de uma forma bem específica aquilo que deseja receber. Não fique apenas orando e dizendo: 'Deus, me dê fantoches e um boneco de ventriloquismo'; faça uma lista com todos os seus desejos e comece a orar baseado nessa lista".

Com minha fé estimulada, peguei alguns catálogos de lojas que vendiam tais materiais e fiz minha lista. Levei um susto quando vi que tudo o que eu queria custava mais de 1.500 dólares. No ano de 1975, 1.500 dólares era muita coisa, e além do mais eu era uma criança de apenas 12 anos, sem renda nenhuma. Para dificultar ainda mais as coisas, coloquei como meta que gostaria que Deus providenciasse tudo isso sem que meus pais pagassem ou me dessem o dinheiro.

Uma das coisas que *Lauren Torville* me ensinou para liberar a fé é que o jejum ajuda muito; e a Bíblia apóia isso em Isaías 57. O jejum bíblico libera a fé e a mão de Deus para operar em nosso favor.

Comecei a colocar esse princípio em ação durante os meses seguintes. Enquanto orava e pedia a Deus os fantoches e o boneco de ventriloquismo, jejuei um total de cinco dias. E como foi difícil! Era adolescente, estava crescendo fisicamente e comendo bastante. Passar um dia inteiro sem comer para mim era uma grande batalha.

Mas todo esse esforço foi recompensado porque senti a presença de Deus mais próxima e minha fé começou a crescer. Em seguida, coloquei em ação o princípio que *Laitren Torville* estava me ensinando a respeito de orar e pedir coisas específicas. Ainda não tinha o dinheiro todo para fazer o pedido na fábrica do boneco de ventriloquismo, mas queria fazer algo já. Minha paciência estava chegando ao fim. Cheguei a ponto de pegar o formulário de pedido do fabricante de bonecos e preenchê-lo com tudo que eu queria.

Estava tão empolgado e crendo que Deus iria operar que na parte em que deveria preencher a forma de pagamento, se com dinheiro ou cartão de crédito, fiz mais um quadrinho e escrevi ao lado: PELA FÉ. Marquei esse quadrinho e enviei o pedido ao fabricante. Alguns dias depois, recebi a carta de volta com a seguinte resposta: "Nós honramos a fé, mas só fazemos negócio com dinheiro ou cartão de crédito. Quando você o tiver, volte a nos procurar".

Não desanimei depois disso. Aprendi que um dos elementos mais importantes ao pedir pela fé era a paciência. Tive que continuar firme em oração com relação ao meu pedido, ate que Deus operasse. Continuei orando e pedindo a Deus, sem desistir.

O final dessa história é que, depois de vários meses de oração, Deus me deu o boneco de ventriloquismo exatamente como eu havia pedido. Deus também tocou vários fabricantes de fantoches para doá-los a mim. Quando cheguei ao Brasil, comecei um ministério de cruzadas para crianças. O Senhor operou, e vimos centenas delas salvas pelo Evangelho.

O que eu aprendi aos 12 anos, foi justamente que não adianta chegar a Deus apenas com pedidos gerais de oração. Você precisa de alvos específicos para expressar a sua fé.

Com isso, não estou tentando dizer que você pode inventar qualquer idéia, pedir a Deus, e o fato de você estar sendo específico significa que Ele irá atender. Temos que atentar para as palavras de Jesus: *"Se vocês permanecerem em mim, e as minhas palavras permanecerem em vocês, pedirão o que quiserem, e lhes será concedido"* (João 15.7 – NVI).

O que Ele quis dizer é o seguinte: quando for pedir algo a Deus, primeiro você deve permanecer submisso a Ele, e a vontade dele precisa estar em você. Isso significa que você não pode simplesmente chegar a Deus ditando o que quer.

Não invente qualquer coisa para pedir a Deus, pensando que receberá. O processo para

ORAÇÃO ESPECÍFICA

receber respostas sobrenaturais aos seus pedidos de fé é, primeiramente, ser específico na oração, submetendo sua vida a Deus e dando ouvidos à voz do Espírito Santo. Então, quando você for pedir a Deus, já estará pedindo de acordo com aquilo que Deus está lhe falando.

Quando eu estava orando e dizendo ao Senhor: "Deus, quero tocar a vida de crianças, quero ajudar a ganhar almas no Brasil e fazer parte daquilo que o Senhor vai realizar ali", estava pedindo algo que nasceu no meu coração através do Espírito Santo. O princípio da oração específica não nos dá o direito de pedir coisas erradas. Não é simplesmente porque temos fé e pedimos de uma forma específica que iremos recebê-las. Significa que devemos buscar a visão nascida no coração de Deus para as nossas vidas. Antes de pedir, devemos orar; nos submetermos à vontade de Deus e pedir ao Espírito Santo para nos dar direção. Com a orientação do Senhor, você começa a ter uma visão das coisas que Ele quer fazer de uma forma bem específica. Aí, então, pode pedir algo a Deus na sua oração, e Ele agirá. Se começar a fazer isso, verá resultados surpreendentes na sua vida espiritual.

Anos depois, já na idade adulta, Deus me lembrou esse princípio. Na época, tinha uma equipe que viajava comigo fazendo cruzadas em várias cidades. Lembro-me que marcamos uma cruzada numa cidade chamada Santa Luzia, em Minas Gerais.

Organizamos a campanha meses antes da data marcada. Oramos, preparamos o local, organizamos os conselheiros e ainda tínhamos uma equipe de pessoas para acompanhar os novos convertidos. Mas, quando chegou o dia do início da cruzada, tudo deu errado. Duas horas e meia antes da primeira reunião, começou a cair uma chuva pesada.

Quando saí de casa coloquei um chapéu na cabeça para não me molhar até chegar ao carro. Ao fechar o portão da garagem, o vento forte arrancou o chapéu da minha cabeça, estiquei a mão para agarrá-lo e meu anel de formatura, a única coisa de ouro que eu possuía, soltou-se do meu dedo, bateu no chão e caiu num bueiro.

ORAÇÃO ESPECÍFICA

Voltei para dentro de casa, coloquei um calção e voltei na chuva para procurar o anel. Levantei a tampa do bueiro e desci no meio da lama para tentar achar meu anel. Até encontrá-lo, voltar e tomar outro banho, me arrumar de novo, perdi bastante tempo.

Mas pensei comigo mesmo: agora tudo vai dar certo: a chuva vai parar, vou chegar lá sem mais problemas e a cruzada vai ser um sucesso. Entrei no carro emprestado por meu irmão e descobri que o limpador de pára-brisas não estava funcionando. Tive, praticamente, que colar meu nariz no vidro para poder enxergar. De vez em quando tinha que baixar o vidro do carro, colocar a mão para fora e fazer o limpador de pára-brisas funcionar manualmente.

Foi desse jeito que consegui chegar ao local da cruzada. Atrasei-me tanto que já estava quase na hora de começar. Saí do carro pensando: "Agora vai dar tudo certo; a chuva vai parar, o lugar vai estar lotado, Deus vai se mover e tudo será maravilhoso".

Entrei e logo vi que tínhamos apenas os conselheiros no auditório; não havia mais ninguém.

Das 75 pessoas presentes naquele local, a maioria era da equipe organizadora da campanha. Tentei continuar otimista e pensei: "Tudo bem, é só começar, que vai dar certo".

Então, descobri que o sistema de som contratado não tinha chegado. Mandamos gente para todo lado tentar resolver o problema, e só conseguimos achar uma pequena caixinha de som e um microfonezinho antigo. Estava quase perdendo o ânimo quando reparei, pela primeira vez, que estávamos ao lado de uma discoteca, e o sistema de som deles era o melhor que existia.

O barulho era incrível. As paredes tremiam com a música que vinha da discoteca. Logo em seguida, a chuva engrossou de novo, e como o telhado era de alumínio, o som produzido era igual ao de uma metralhadora no interior do local. Só sei que, quando chegou a hora de pregar, estava num desânimo enorme. Mesmo desanimado, preguei e, no final, uma pessoa levantou-se para aceitar Jesus.

Uma alma valia tudo! Todo o trabalho e os empecilhos. Mas naquele momento estava tão desanimado que nem mesmo o fato de uma pessoa ter aceitado Jesus mudou meu estado emocional. Fui embora para casa me sentindo derrotado. No dia seguinte, quando estava orando, Deus falou comigo: "Não seja controlado pelas circunstâncias; deposite a sua fé em mim e me peça para agir. Ore de uma forma específica, e Eu vou operar".

Arrependi-me da atitude errada naquela mesma hora e minha fé começou a crescer naquilo que Deus podia fazer. Cheguei cedo ao local da cruzada para o segundo dia de reuniões, convoquei a equipe e disse: "Vamos orar e repreender a chuva, vamos dizer que não vai chover hoje e teremos uma campanha bem-sucedida esta noite". Então, começamos a orar e dissemos juntos em oração: "Deus, pedimos que não chova hoje, que esse local fique cheio de gente e muitas pessoas sejam salvas e transformadas". E foi assim que aconteceu. Nas próximas duas noites da campanha o local ficou lotado, muitos foram abençoados e várias pessoas se converteram.

Na semana seguinte havíamos marcado para irmos a Uberlândia, Minas Gerais, pregar em outra cruzada. Eu estava tão empolgado com o princípio de orar e pedir coisas específicas, que disse à equipe: "Estou sentindo de Deus que devemos orar e pedir, no mínimo, duzentas almas convertidas nessa próxima cruzada". Eles concordaram comigo em oração, e fomos para lá, mas alguns acharam que duzentas pessoas era gente demais para se converter em apenas uma semana.

Depois de serem encorajados um pouco mais, todos aceitaram pela fé essa proposta e concordaram em orar pedindo duzentas almas salvas na campanha. Deus respondeu de tal forma nossas orações que, no final da semana, nós tínhamos presenciado 234 pessoas se converterem e mais de 100 pessoas batizadas no Espírito Santo, além de muitos outros milagres que tinham acontecido.

Através dessas experiências, Deus estava me ensinando que, para vencer na vida espiritual e ver resultados através da vida de oração, precisamos em primeiro lugar orar e pedir a Deus que nos mostre a sua vontade específica. Em seguida, orarmos de forma clara e objetiva. E Ele fará tudo o que pedirmos pela fé.

Capítulo 10

Continue batendo, buscando e pedindo

Vivemos num mundo imediatista. Temos aprendido a esperar que tudo seja feito para já. Antes da invenção de carros e aviões, até a viagem mais breve durava horas, dias, e as viagens maiores levavam semanas ou até meses. Agora entramos no carro, pegamos o próximo ônibus ou avião e estamos no destino em questão de horas ou minutos.

Possuímos coisas como forno de microondas, telefones, fax, e tantas outras maravilhas vindas da tecnologia moderna. De repente, você quer esquentar a comida, e é só colocar no microondas, apertar o botão e pronto: o prato sai quentinho. Quando queremos conversar com alguém que está longe, basta pegar o telefone, discar alguns números e já estamos falando.

Por causa do nosso costume com as coisas instantâneas, muitas vezes esperamos que Deus atue com a mesma rapidez. Tenho visto acontecer, tanto na minha vida como na de outras pessoas, a seguinte situação: fazemos uma oração rápida pedindo algo a Deus, terminamos de orar e ficamos olhando em volta meio impacientes e pensando: "Cadê a resposta, Deus?"

Esse tipo de oração tende a frustrar o crente e, querendo ou não, ele acaba culpando a Deus porque não recebeu a resposta da oração. Temos que entender, em primeiro lugar, que Deus sempre ouve nossas orações. A Palavra de Deus nos diz exatamente isso: *"Os justos clamam, e o Senhor os ouve, e os livra de todas as suas angústias"* (Salmo 34.17).

Também em Isaías 58.9, o Senhor fala conosco o seguinte: *"Então clamarás, e o Senhor te responderá; gritarás, e Ele dirá: Eis-me aqui"*. E também no livro de Tiago 5.16-18, está escrito: "... *A oração de um justo é poderosa e eficaz. Elias era humano como nós. Ele orou fervorosamente para que não chovesse, e não choveu sobre a terra durante três anos e meio. Orou outra vez, e os céus enviaram chuva, e a terra produziu os seus frutos*" (NVI). Você vê aí o poder da oração de um homem de Deus.

Em Marcos 11.22-24, lemos: *"Respondeu Jesus: 'Tenham fé em Deus. Garanto-lhes que se alguém disser a este monte: Levante-se e atire-se no mar, e não duvidar em seu coração, mas crer que acontecerá o que diz, assim lhe será feito. Portanto, eu lhes digo: Tudo que vocês pedirem em oração, creiam que já o receberam, e assim lhes sucederá'"*. Jesus está nos dizendo nessa passagem que, se tivermos fé, podemos receber qualquer coisa que pedirmos em oração. Agora, é óbvio que Deus sempre ouve, porque se podemos receber qualquer coisa que pedirmos em oração, é porque Ele está ouvindo, sempre, cada oração que fazemos.

Muitas vezes, o que acabamos por pensar é: "Bem, se Deus realmente ouve, sempre, a minha oração e atende a minha súplica, então por que Ele ainda não *respondeu* a minha oração? Eu acabei de orar hoje ou ontem, ou mês passado, ou seja lá quando foi, e Deus ainda não fez nada".

O que estamos querendo com esse tipo de raciocínio é tentar fazer com que Deus opere dentro do nosso pequeno e limitado sistema humano quando, na verdade, Ele é soberano e atua do jeito dele, porque é Deus e não um homem como nós.

O apóstolo Pedro disse: *"Não se esqueçam disto, amados: para o Senhor um dia é como mil anos, e mil anos como um dia. O Senhor não demora em cumprir a sua promessa, como julgam alguns. Ao contrário, ele é paciente com vocês, não querendo que ninguém pereça, mas que todos cheguem ao arrependimento"* (2 Pedro 3.8, 9). Deus tem sua própria escala de tempo, mas não é lento em cumprir suas promessas, como alguns pensam. É interessante ver que Deus sempre sabe a hora certa de nos responder.

CONTINUE BATENDO, BUSCANDO E PEDINDO

Eu me lembro de uma experiência muito marcante que me despertou para esse princípio. Quando estava com mais ou menos 15 anos, viajei com meus pais para São Paulo, onde eles pretendiam fazer uma campanha numa igreja e visitar outras igrejas que estavam sob a sua supervisão.

Uma noite, depois do culto, alguns ladrões arrombaram nosso carro e roubaram uma maleta com todas as máquinas fotográficas que havíamos deixado dentro dele. Eram máquinas muito importantes para nós porque as usávamos para fotografar a obra e mostrar aquilo que Deus estava fazendo. E era um equipamento muito caro, num total de cinco peças diferentes.

Quando acordei e fiquei sabendo do roubo, decidi que iria orar e jejuar até conseguir as máquinas de volta. Então, enquanto meu pai cuidava do relatório policial, entrei no quarto e comecei a orar. Quando me chamaram mais tarde para o café da manhã, recusei, dizendo que iria jejuar e continuar orando. Fiquei em oração e, quando o almoço estava pronto, voltaram a me chamar.

Eu estava em fase de crescimento físico e a fome era tremenda. Dá para imaginar como foi difícil manter aquele jejum. Mas fiquei firme no meu propósito e também recusei o almoço, dizendo que ia continuar a jejuar e orar.

À tarde, orei com mais fervor, na esperança de, no mínimo, poder jantar. Eu orava, pedindo que Deus deixasse aqueles ladrões com um sentimento de culpa tão grande, que voltassem para entregar o equipamento. Eu os imaginava batendo na porta, contritos, pedindo desculpas e entregando as máquinas.

Quando chegou a hora do jantar, eu já estava tremendo de fome e nada dos ladrões ou das máquinas. Foi muito difícil me manter firme, mas consegui e continuei meu período de oração e jejum.

Chegada a hora do culto, à noite, partimos para a igreja. Fui imaginando que, quando voltássemos, lá estariam os ladrões para entregar o que haviam roubado. Mas terminou o culto, chegamos em casa e nada de ladrões ou máquinas.

Nesse momento, a dona da casa onde estávamos hospedados convidou-nos para saborearmos uma deliciosa sopa que ela havia acabado de preparar. Foi então que perdi a paciência com o Senhor e fiquei bastante chateado. Achei que, depois do meu sacrifício de passar o dia todo sem comer e após orar fervorosamente, Deus estava agindo muito devagar. Como a resposta estava demorando, comecei a pensar que talvez a oração não funcionasse tão bem assim. Decidi, então, terminar o jejum e fui tomar a sopa.

Passaram-se vários meses. Já me esquecera do incidente do roubo quando meu pai recebeu um telefonema de São Paulo, avisando que a polícia tinha recuperado algo que poderia ser nosso. Já havia passado um ano e dois meses desde que as máquinas foram roubadas mas, mesmo assim, meu pai foi até lá para averiguar.

Quando chegou na delegacia abriram uma gaveta repleta de equipamento fotográfico. E lá no meio estavam todas as nossas cinco peças que tinham sido roubadas. O policial contou como pegaram um membro da quadrilha, que confessou o roubo e deu os nomes dos outros envolvidos. Com a informação dos ladrões a polícia conseguiu reaver vários artigos roubados. Entre eles as nossas cinco máquinas que haviam sido vendidas a três pessoas diferentes, em lugares diferentes da Grande São Paulo.

Quando as recebemos de volta, estavam em melhor estado do que quando foram roubadas, pois haviam sido limpas e uma peça que estava com defeito foi consertada antes de ser vendida. Imagine só: seria praticamente impossível recuperar as cinco peças vendidas a três pessoas diferentes, em três lugares diferentes numa cidade do tamanho de São Paulo, um ano e dois meses depois do roubo, e ainda recebê-las de volta em melhor estado do que antes. Só Deus poderia fazer uma coisa dessas.

Quando meu pai voltou e contou essa história, o Senhor me lembrou do dia que passei em oração e jejum, e minha atitude de achar que Deus não me ouviu só porque não respondeu na hora. Arrependi-me diante do Senhor por esse fato. Deus me mostrou através dessa experiência que Ele é soberano e nunca tarda em cumprir suas promessas, como alguns pensam (2 Pedro 3.9).

Nesse princípio também entra o fator da importunação na oração. Há momentos em que nossa oração tem que ser impetuosa, isto é, tem que ser constante até recebermos a resposta, não importando quanto tempo vai levar.

Jesus ensina isso no livro de Lucas 11.5-8: *"Então lhes disse: Suponham que um de vocês tenha um amigo e que recorra a ele à meia-noite e diga: 'Amigo, empreste-me três pães, porque um amigo meu chegou de viagem, e não tenho nada para lhe oferecer'. E o que estiver dentro responda: 'Não me incomode. A porta já está fechada, e eu e meus filhos já estamos deitados. Não posso me levantar e lhe dar o que me pede'. Eu lhes digo: Embora ele não se levante para dar-lhe o pão por ser seu amigo, por causa da importunação se levantará e lhe dará tudo o que precisar".*

Nessa passagem Jesus fala de um homem que continuou a chamar até receber o que pedia, e mostra que devemos orar também dessa forma, isto é, não parar até recebermos a resposta do Senhor. A lição principal que Jesus quis dar com essa parábola é justamente a importância da *persistência* na vida espiritual. Se queremos vitória na vida não podemos desistir com facilidade.

Nos versículos 9 e 10 Ele diz: *"Por isso, vos digo: Pedi, e dar-se-vos-á; buscai, e achareis; batei, e abrir-se-vos-á. Pois todo o que pede recebe; o que busca encontra; e a quem bate, abrir-se-lhe-á".*

Na língua grega, em que esse texto foi originalmente escrito, as palavras *pedi, buscai* e *batei* estão numa conjugação especial do grego, o presente imperativo. *Charles B. Williams* escreveu no seu livro O Novo Testamento: uma Tradução, que isso traz a idéia de uma ação contínua ou repetida. De acordo também com outros estudiosos do grego, essa passagem poderia ser traduzida da seguinte forma: "Por isso, vos digo: pedi, e continuai pedindo, e dar-se-vos-á; buscai, e continuai buscando, e encontrareis; batei, e continuai batendo, e abrir-se-vos-á; pois todo o que pede e contínua pedindo, recebe; e quem busca e continua buscando, encontra; e ao que bate e continua batendo, abrir-se-lhe-á".

Isso significa que temos de orar e continuar orando, e receberemos a resposta. Para se alcançar o sucesso não é suficiente apenas bater e esquecer; mas bater e continuar batendo até alcançar a vitória. Todos os princípios de sucesso que estudamos neste livro não terão proveito se não tivermos persistência e garra para praticá-los na vida espiritual. Nunca desista daquilo que Deus pôs no seu coração. Não deixe o inimigo roubar a sua bênção. Não seja precipitado com Deus.

Para termos sucesso duradouro é preciso disciplina e paciência. Tenha o sucesso com Deus como um alvo imutável durante toda a sua vida, para que ela seja uma vitória para a eternidade. Como disse o apóstolo Paulo:

"Sendo assim, não corro como quem corre sem alvo, e não luto como quem esmurra o ar. Mas esmurro o meu corpo e faço dele meu escravo, para que, depois de ter pregado aos outros, eu mesmo

não venha a ser reprovado" (1 Coríntios 9.26, 27 – NVI).

Não desanime na sua caminhada espiritual. Se você não conseguiu tudo hoje, levante amanhã com uma nova determinação para atingir o sucesso. Nunca desista! Deus vai honrar a sua fidelidade e integridade, e o recompensará com sua graça e favor, como está escrito em Tiago 1.12: *"Feliz é o homem que persevera na provação, porque depois de aprovado receberá a coroa da vida, que Deus prometeu aos que o amam"* (NVI).

Sobre o Autor

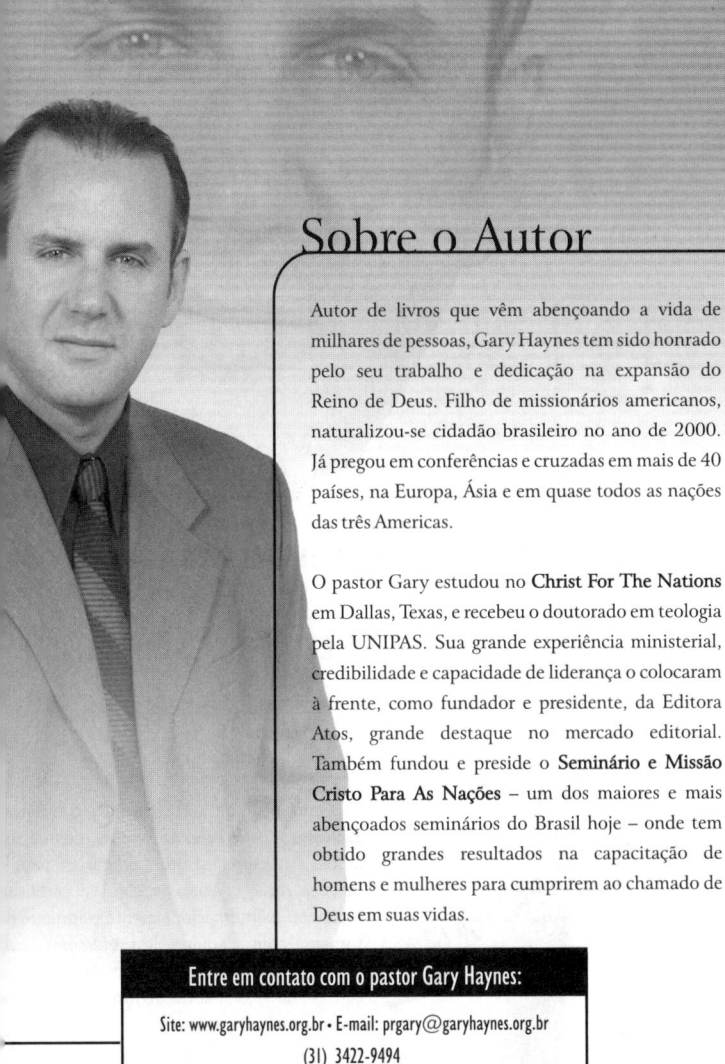

Autor de livros que vêm abençoando a vida de milhares de pessoas, Gary Haynes tem sido honrado pelo seu trabalho e dedicação na expansão do Reino de Deus. Filho de missionários americanos, naturalizou-se cidadão brasileiro no ano de 2000. Já pregou em conferências e cruzadas em mais de 40 países, na Europa, Ásia e em quase todos as nações das três Americas.

O pastor Gary estudou no **Christ For The Nations** em Dallas, Texas, e recebeu o doutorado em teologia pela UNIPAS. Sua grande experiência ministerial, credibilidade e capacidade de liderança o colocaram à frente, como fundador e presidente, da Editora Atos, grande destaque no mercado editorial. Também fundou e preside o **Seminário e Missão Cristo Para As Nações** – um dos maiores e mais abençoados seminários do Brasil hoje – onde tem obtido grandes resultados na capacitação de homens e mulheres para cumprirem ao chamado de Deus em suas vidas.

Entre em contato com o pastor Gary Haynes:

Site: www.garyhaynes.org.br • E-mail: prgary@garyhaynes.org.br
(31) 3422-9494
Av. Antônio Carlos 1769 - Lagoinha - Belo Horizonte - MG - Cep 31210-810

EXISTEM VÁRIOS DESTINOS

MAS APENAS UM CAMINHO

VENHA ESTUDAR NO CRISTO PARA AS NAÇÕES

DESCUBRA SEU DESTINO

- Bacharelado em Teologia
- Liderança
- Teologia Ministerial

Fundado pelo pr. Gary Haynes, o *Seminário Teológico Cristo Para As Nações* possui uma ampla e moderna estrutura preparada para lhe receber. Aqui, o aluno recebe um certificado reconhecido internacionalmente e aprende não somente com a equipe de professores locais, mas também ministrações práticas de pessoas com grande experiência dentro de sua área de atuação no Reino de Deus.

CRISTO Para As NAÇÕES

Informações: (31) 3422-5521

simples palavras podem mudar a sua vida

O pastor Gary Haynes apresenta um dos mais interessantes estudos já realizados sobre a força que as palavras têm para impactar a nossa vida, a família e os negócios. Um dom de Deus, tão especial, não pode ser usado arbitrariamente. Entenda como administrar a língua de forma a trazer a bênção que procura e como quebrar a força daquilo que foi dito de forma inconseqüente.

O Poder da Língua precisa ser controlado, Só depende de você.

Entre nesta jornada e saiba como prosperar utilizando apenas simples palavras.

EDITORA Atos

Ligue já e faça o seu pedido:
(31) 3422-9494

Você e Deus em uma aventura sem igual

Aventuras com Deus é uma história emocionante, de proteção e provisão sobrenatural, que você não pode perder a chance embarcar.

O pr. Gary Haynes o convida a viajar em prol da Palavra de Deus.
Um trabalho audacioso que, por vezes, o deixou frente-a-frente com o perigo.

Deixe-se levar pelos marcantes relatos deste livro e conheça a fundo uma missão que também pode ser a sua.

EDITORA Atos

Ligue já e faça o seu pedido:
(31) 3422-9494